文春文庫

薬物依存症の日々

清原和博

文藝春秋

薬物依存症の日々

目次

構成・鈴木忠平

プロローグ

「ぼく、一生執行猶予でもいいんです。友人にもそう言ったんです。もう少し執行猶予、延ばしてくれへんかなって……」

清原和博はそう言って視線を落とした。

2020年のある夕刻のことだった。

「最近は会う人、会う人に『もうすぐ執行猶予が明けるね』と言われるんですけど、それが嫌で嫌で……。怖いんです。だって……」

うつむいたままの清原はいつものように黒いスポーツウェアを着ていた。

白だとか青だとかではなく、いつも黒。

清原がまとっていたのはこの4年間、ほとんどその一色だった。

「だってぼく、ほとんど何も変わってないんですから」


2016年5月31日。

清原は覚せい剤取締法違反によって有罪判決を受けた。

懲役2年6カ月、執行猶予4年

犯罪者として過ごすこの期間を清原はこう表現してきた。

「ずっと暗闇の中にいるような、暗いトンネルの中にいるような感覚です」

「自分が打ってきたホームランや自分が輝いていたときのことを思い出せば思い出すほど、犯罪をしてしまった今の自分と比べて暗く沈んでしまうんです」

「なんであんなことをしてしまったんだろうと、いっそ死にたいと考えてしまいます」

どうにも消化できない苦しみをそういう表現で吐露してきた。

そして、いつまで続くかしれない暗闇に終わりがあるとすれば、それは司法上、犯罪者ではなくなるそのときなのかもしれない。そう考えて闇に耐えてきた。

その日がもう目の前に見えている。

会う人、会う人が「もうすぐだね」と言うのはそのことだ。

正確には2020年6月15日、午前0時00分。

その瞬間まで法を犯さなければ、執行猶予は満了を迎えて、清原に下された判決の効力は消滅する。

それなのに今の清原は、その日が来なければいいと願っている。

巨体を小さく縮めて、怖れている。

「執行猶予が明けたらいきなり聖人君子にならないといけないプレッシャーのような、そういうものです。司法の上では刑が明けるのかもしれませんが、いきなりぼくの中で何かが変わるわけではないですから……」。声のトーンが落ちていく。「相変わらず眠れないし、悪夢を見るし、アルコールに逃げているし……。本来ぼくの中に流れている血は、やっぱり本質の部分は変わらないと思うんで清原は視線を落としたままだった。

「……」

「じゃあ執行猶予が明けた後に何があるんだって考えたときに、自分自身の生活は今までと変わらないんですよ。そこにすごいプレッシャーを感じるんです」

出口をめざして暗いトンネルを這《は》いすすんできた男が、いざ光を前にしてそれを怖れている。

「執行猶予が明けたら清原はいよいよ動き出すんじゃないかって、世間は思っているかもしれませんけど、ぼく、そんな計画は何一つ立ててないですし。今もそうですけど、まず心と体のコンディションを整えるのに必死なんです。もう本当に……4年かかったんですけど、やっとちょっとずつこう、波がありながら、浮き沈みがありながら、なんとなく上向いていますけど、そこで執行猶予が明けたと言われてもこの波はパーンと上がらないですから。そういうことを期待されている？　そういう感覚が怖いんです。だから……」

清原が怖れているのは、おそらく自分自身だ。

「だから、もうちょっと執行猶予を延ばしてくれへんかなと……」

相変わらず薬物への欲求を捨てきることができず、夜とともに眠ることができず、太陽とともに一日をはじめることもできない。

そんな自分の弱さを怖れている。

客観的に、外から見れば清原は劇的に再生している。

4年前、留置場から出てきたばかりの廃人のようだったころと比べれば、他人と目線を合わせられるようになり、胸の内を言葉にできるようになった。何よりもかつてのように笑えるようになった。

ただ、その変化を本人はそれほど自覚できずにいる。

自分が立ち上がったと信じきれずにいる。

そこにこの病の本質が見える。

「薬物依存との戦いというのは……、ぼくはもう本当にギリギリのところでやってきたので……。たとえば著名人の方が薬物使用で逮捕されるとニュースになりますよね。その人が10年やめていた人だったりすると、ええっ、10年もやめられていたのにそれでもまた使ってしまうのかって……。絶望的な気持ちになるんです。そういう人はけっこう多いですし、何回も捕まる人だっているじゃないですか。すごく苦しい思いや辛い思いもしたはずなのに、それでもやってしまう……。ああ、怖ろしいなあと」

薬物依存症――。

この病には特効薬がない。時間によって封じ込めることもできない。
この病の前では意志の力も無力だ。
つまり終わりがない。
そういう意味では6月15日の朝がやってきたとしても何も変わりはしないのだ。
それが清原を憂うつにさせていた。

踏み出すことを怖れる清原に問いかけてみた。
『その怖れや葛藤《かっとう》をそのまま吐き出してもらえませんか』

清原は驚いたような顔をしていた。

『何が自分を苦しめてきたのか。わずかながらでも自分を再生させたものがあったとすれば、それは何だったのか。そして今なお、この先も怖れるものとは何なのか。ひとりの薬物依存症患者として、綺麗事ではなく、この4年の現実を語ってもらえませんか』

事実、清原から発せられるものとして、ありのままの苦悩や葛藤を超えるメッセージはないような気がした。

清原はうつむいたきりだった。

黙ったまましばらく何かをじっと考えていた。

どのくらい時間が経っただろうか。

清原は長い沈黙の末にようやく視線を上げると、小さく頷《うなず》いた。

自宅に両親との写真などと飾られている金属バット。2020年2月2日に中学生の次男がはじめてのランニング・ホームランを打ったときのもの。「アパッチへ」と書かれたプレゼントで、心の支えとなっている。（本人所蔵）

1　「2月2日のホームラン」

2020年2月2日。

今年もぼくは一年のうちでもっとも憂うつな日を迎えました。

あれからもう4年になるというのに、やはり前の日の夜から気分的に落ち込んでしまい、朝起きてもやはり沈んだままでした。

薬物依存症において、こういうときに独りでいるのが一番良くないということを自分は学んでいました。だから、とにかくだれかと一緒にいようと思って、友人と外に出かけました。

何か他のことを考えて気持ちを紛《まぎ》らわせようとしたつもりだったんですが、どうしてもあの日のことが頭に浮かんできてしまいます。

お昼過ぎ、まだ外は明るいのに「ああ、あと8時間後に警察に踏み込まれたんだったなあ」と時刻を変にカウントダウンしてしまっている自分がいました。あと7時間、あと6時間……。

それほど逮捕されたあの日のことは強烈に記憶に残っていて、いつまでも消えないんです。

あの日。2016年2月2日、ぼくは自宅のマンションで覚せい剤を使おうとしていました。

薬物は1月31日、群馬まで車を走らせて手に入れていました。30日、31日というのは週末で、息子の野球を遠くからでも見ようと少年野球のグラウンドに行ったんですが、息子は風邪か何かで出ていなくて、たまらなく寂しい気持ちになったんです。

そしてまず、2月1日に使いました。

2月1日というのはプロ野球のキャンプ・インの時期で、プロ野球選手にとっての正月でもあります。そんな大事なときに俺は野球に関わることもなく、ひとりで何をやっているんだろうと。そういう寂しさをまぎらわすために薬物を使ってしまったんです。

翌日2日になっても気分は変わらず、夕方を過ぎたころに覚せい剤を使いました。体内に薬物を入れたあとに浮かんだのは「せっかくやめられていたのに、なんでまた使ってしまったんだろう」という後悔です。

そのときはすでに覚せい剤にどっぷりとはまり込んでしまっていました。友人や知人には嘘をついて、そういう人たちとの連絡も自分から断って、まわりにはだれもいなくなっていました。ひとりぼっちで「とにかく覚せい剤はやめなければいけない」といつも考えていました。

あの日も、それまでの数日間は自分なりに使わずにいられたのに、こんな大事な日に限ってなぜやってしまうんだろうと自己嫌悪に襲われていました。

次に考えたのは、とにかく薬物を打つのに使った道具をゴミ箱に捨てなきゃならないということでした。薬物の影響なのか、あのころは常にだれかに見られているような感覚がありました。

そしてまさに注射器を捨てようと立ち上がった瞬間、まるでぼくが覚せい剤を使うのを見ていたかのように警察が踏み込んできたんです。

大勢の捜査員がマンションの部屋になだれ込んできたという記憶があります。

そこはまさに覚せい剤使用の現場でした。

テーブルにあった薬物を警官にゆび指されて「これは覚せい剤ですね」と聞かれました。

ぼくはただただ呆然《ぼうぜん》としていて何も考えることができずに「はい。そうです」と答えたような気がします。ふわふわとしていて、まだ自分が捕まったんだという現実感がありませんでした。

「午後10時37分、覚せい剤取締法違反で現行犯逮捕――」

いろいろな手続きが終わった瞬間、そう宣告されました。

捜査員から腕に手錠をはめられる「カチャン」という音と肌に伝わる金属の冷たい感触によって、ぼくはようやく自分がやってしまったことの重大さを認識しました。

車に乗せられて警察に連行されていくときは、頭の中がグルグルとまわっているような感じでした。混乱していて、ああ、俺は逮捕されたんだ、どうしよう、

どうしよう、どうしよう……と、それぱかりが頭をめぐって、他に何も考えることができませんでした。

はじめてのランニング・ホームラン

人の記憶はどんどん薄れていくと言いますが、ぼくにとっては夜の中をパトカーに乗って連行されていくあの光景は、まったく薄れることがありません。だから、あれから4度目の2月2日も、いくら他のことを考えようとしてもあの日のことが頭から離れず、悶々《もんもん》としながら過ぎていきました。

あれは夕方を過ぎたころだったでしょうか。

携帯電話にメッセージが届きました。元妻の亜希が、中学2年生の次男の動画を送ってきてくれたんです。

次男は今、都内の硬式野球チームに所属しています。その日は練習試合だったんですが、そこでホームランを打った。しかも滅多に出ないランニング・ホームランを打った。まさにその瞬間の動画を送ってくれたんです。

今のぼくは息子が野球をやっているグラウンドには観に行くことができません。そんなぼくのために、ホームランを報せてくれたんです。

霧がバーッと晴れていくような感覚でした。

亜希によれば1試合目にフル出場して、2試合目は代打で出ていったそうです。その打席でライト前に打った打球を突っ込んできた相手が後逸し、ボールが転々としている間にホームまで還ってきたんです。

はじめてのランニング・ホームラン。

2月2日がぼくにとってどういう日なのか、息子はとくに意識していなかったと思うんですけど、ぼくにとっては涙が出るくらいにうれしいことでした。寒々とした外の景色がまったく別のものに見えるような、そんな出来事でした。

「もし次、ホームランを打ったら……」

その数日前に、息子にそんな話をしていたところだったんです。

そこでまさかホームランを、しかも2月2日に打ってくれるなんて……。

ぼくはその出来事を何かのメッセージだと受け止めました。

いつまでもくよくよしていても仕方がないんだと、息子がそうやって背中を押してくれたような気がしたんです。

今までなら2月2日は逮捕された日で、人生最悪の日で、沈んだ気持ちのまま終わっていくはずでした。それがこれからはずっと、息子がホームランを打ってくれた日として過ごすことができるんです。

この4年間、ぼくに起こったもっとも大きな出来事をひとつあげるなら、それはやはりふたりの息子と再会できたことです。一度は失ってしまったこの世でいちばん大切なものと、もう一度繋《つな》がれるようになったことです。

薬物依存症とそれにともなううつ病との戦いのなかで、朝昼晩、いろいろな薬を飲んできました。主治医の先生をはじめ多くの専門家の話を聞いてきました。ただ、どんな治療よりも劇的にぼくを変えたのが、息子たちと会えたことです。

＊＊＊

清原は覚せい剤によってあらゆるものを失った。

社会的地位、財産、仕事、常人の想像を絶する、あまりに大きな損失であり喪失である。ただ、それらを取り戻そうという執着は驚くほど薄かった。保釈されたあと、仕事にはむしろ消極的であったし、将来的な活動について考えることもほとんどしなかった。

プロ野球界にも関心を示さず、試合中継を見ることもあまりなかった。

そんな中でただひとつ特別な関心を見せたのが少年野球、高校野球についてだった。

「○○というチームにすごいバッターがいるらしいです」

「○○高校はこれから強くなりそうです」

どこで見たのか、だれから聞いたのか。人や社会との接触を絶っていたはずの清原がなぜか、詳しい情報を持っていた。

おそらく、その向こうに2人の息子を見ていた。

「もう一生、息子たちには会えないと思います……」

絶望を口にしながらも心底では一縷《いちる》の望みを捨てていなかった。

それは、この4年間で清原が自ら執着をもって取り戻そうとしたほとんど唯一のものだった。

＊＊＊

ぼくは決していい父親ではありませんでした。家族には辛い思いばかりさせてきたと思います。息子たちからはいつも、思いやってもらってばかりでした。

現役時代、オリックスで左膝の大手術をしたとき、復帰に向けてリハビリをしているぼくのことを、まだ物心ついたばかりの長男がよく励ましてくれました。覚えたばかりの字で手紙を書いてくれました。ぼくにプレッシャーをかけないようにと思ったのでしょうか。「ホームランをうって」と書くのではなくて「つらいとおもうけど、リハビリがんばってね」と、そういう言葉ばかりが書かれていたんです。

もっと甘えてわがまま言って一緒に遊んでほしかった年ごろだったと思いますが、子供心に気を使って、わがままを言わないようにしているのも伝わってきました。

夏休みなんか遊んでほしかったはずなのに、そういうことも言わなかった。

ぼくがもうプレーすることさえ無理だと言われた手術を乗り越えて、最後の最後まであと1本ホームランを打ちたいとこだわったのは、息子たちにそれを見せてあげたかったからなんです。子供たちの脳裏に父親がすごいという記憶を残すための、とびっきりのホームランを打ちたかった。

でも結局、ぼくはその1本を打てずに引退試合を迎えました。セレモニーの最後に子供たちがグラウンドに来て、花束を渡してくれたんです。

ぼくが泣いているのをみて、ふたりとも泣いていました。

長男はいろいろなことを理解していたのでしょう。泣きながら抱きしめてくれて「よくやった」という感じで、ポンポンと背中を叩いてくれました……。今、思い出しても涙が出てきます。

当時、上の子が6歳、下の子が3歳だったので、結局はふたりの頭にぼくがホームランを目の前で打ったという記憶は残せなかったと思うんです。

引退してからしばらくは少年野球の試合を観に行ったり、一緒に野球道具を買いに行ったり、つかの間の幸せな時間を持つことができました。でも、やがてぼくは野球選手でもなくホームラン打者でもない自分に嫌気がさしてきて、心の穴を埋めてくれるものを求めて酒に溺《おぼ》れて、やがて薬物に溺れていきました。

息子たちが望んでいた時間を父親としてほとんど与えてあげることはできませんでした。それどころか家族を傷つけて、ズタズタに引き裂いてしまった。

そんなぼくに……、ぼくのいちばん苦しい日に逆に、息子がホームランをプレゼントしてくれたんです。

部屋に飾られている2本のバット

今、ぼくの部屋にはバットが2本飾ってあります。

1本は1985年夏の甲子園決勝戦でぼくがホームランを打った金属バットです。

そのすぐ隣にくっつけて置いてあるのが、今年の2月2日に息子がホームランを打ってくれた黒いバットです。

あの日、動画を見たぼくが「そのバットをくれないか」と言ったら、息子は「アパッチへ」とバットに書いて、プレゼントしてくれたんです。

ぼくはずっと息子たちからパパとかお父さんではなく「アパッチ」と呼ばれていました。型にはまらない野球アニメ「アパッチ野球軍」が好きだったのと、「パパ」の語呂から、そういうあだ名のようなものになったんですが、息子たちは今もそう呼んでくれています。

2本のバットが並んでいる、そのすぐ上には亡くなった母親の写真が飾ってあります。そうすることで何か力を与えてくれるような気がしているんです。すぐ隣には西武ライオンズに入団したときに両親と撮った写真があります。息子たちと再会した日に、長男と次男とぼくの3人で撮った写真も置いてあります。

ぼくは今、毎日、そうしたものを眺めて暮らすことができています。あれほど死にたい、死にたいと思っていたぼくが、生きようと思えています。この部屋にあるすべてがぼくを支えてくれています。

もしぼくがこの真っ暗な4年間のなかで少しでも前に進むことができているとすれば、それを可能にしてくれたものは、このバットや写真に象徴されているような気がします。

正直、自分の中の何かを変えられたという実感はありません。これから先のことに対しての自信もありません。ただ薬物依存症の患者として、失ったものを少しでも取り戻すことができたのはなぜなのか。どんな悩みを抱えながら今に至ったのか。

それをお話ししたいと思います。

2 「薬物依存症」

「清原さん、あなたは重度の薬物依存症です――」

先生からはまずこう宣告されました。

薬物治療のため病院にいったぼくは、はっきりとそう言われたんです。

すぐにはその言葉を受け入れられませんでした。

ぼくは自分で薬物をコントロールできていると思っていたからです。

落ち込んだときにだけ使って、あとはやめることができていた。たまに誘惑に負けて使ってしまったことはあったけど、大体はやめることができていた。逮捕されたのも、たまたま運悪く薬物を使ってしまったタイミングで警察に踏み込まれたからで、あのとき使っていなければこんなことになっていなかった。

つまり、ぼくは薬物なんかに負けてはいない、だから依存症や病気なんかじゃない。

そう考えていたんです。思い込んでいたと言ったほうがいいかもしれません。

でもそれは大きな間違いでした。

人生でもっとも酷《ひど》い経験

2016年2月2日、ぼくは逮捕されました。手錠をはめられて警視庁に連行されました。

その後、取り調べを受けるために留置場で過ごした44日間は人生のなかでも、もっとも酷い経験でした。それは間違いありません。

例えばぼくの部屋は独房だったんですけど、何をするにも自分ではできず、トイレットペーパー一つもらうにしても「担当さん、お願いします」と手をあげて、担当さんからもらわないといけないんです。「114番」という番号で呼ばれ、汚い風呂に入り、プライドはズタズタになりました。毎日、ただひたすら天井を見つめて自分がやってきたことを後悔して、なぜそうなってしまったんだろうと、答えの出ない問いを続けるばかりでした。

もう二度とあの日々には戻りたくありません。

ただ、薬物依存の本当の怖ろしさというのはそれからでした。

もちろん覚せい剤を使えば痛い目に遭《あ》うんです。逮捕されて留置場のようなところで屈辱を味わい、すべてを失って絶望するというのも十分に辛いことなんですが、本当の苦しみは薬をやめてから襲ってきたんです。

忘れる病気

ぼくの保釈には条件がつけられていました。

『24時間体制で監視できる病院に入院すること』

ひとりにしておくと自殺する危険性が高いと判断されたからです。

だから留置場を出てから千葉県松戸市の病院に入院しました。薬物を完全に体から抜いて、なおかつ自殺を防止するための措置でした。

病室の扉の向こうには常に警備員がいる状態でした。

そんな状況でも薬物への欲求は容赦《ようしゃ》なく襲ってきました。これはあとからわかったことですが、薬物依存というのは「忘れる病気」です。大切な人を裏切って失って、逮捕されて留置場であれだけ辛い目にあって、もう二度とあんなことはしないといくら誓っても、欲求が襲ってくればすぐに「最後の1回だけ」と考えてしまっている自分がいるんです。

情けない話です。でも、そうやって自分を責めれば責めるほどまた「一発やってこのつらい気持ちから逃れたい」と思ってしまう。

だから薬物依存の人は他のだれかの目があったり、サポートしてくれる人がいる病院や施設に入って治療する例が多いんです。

覚せい剤は肉体的な依存ではなく、精神的な依存だと言われています。だから身体的な禁断症状としては喉《のど》が渇《かわ》く、手が震えるというくらいで、むしろ精神的な禁断症状のほうが重くのしかかってくるんです。激しい気分の落ち込みと薬物への欲求に耐えきれず1カ月近くに及ぶ孤独で長い入院生活のなか、ぼくは院内で暴れてしまったことがありました。

ようやく千葉の病院を退院できることになった日、東京の自宅へと戻る車の中から外の景色を見ました。久しぶりに太陽を見ました。

不思議なのは今まで自分がいた世界へと戻っていくはずなのに、なぜかこれまでとまるで別の世界へ向かっているように思えたことです。逮捕から2カ月ほどしか経っていないのに、世界が激変してしまったようでした。

窓から桜が見えました。

プロ野球開幕の時期には毎年、桜が咲いていました。ただあの日の桜はそれまでとはまったく違う花のように見えました。

それからぼくと薬物との長い戦いがはじまったんです。


「薬物依存を治す薬はありません」

先生のところにはじめて行ったのは、その後しばらくしてからです。もう秋の気配を感じるころだったと記憶しています。

国立精神・神経医療研究センターの松本俊彦医師。

保釈されてからそれまで、ぼくは常に週刊誌のカメラに追われているような状況で外出はできなかったので、臨床心理士の人に東京のマンションまできてもらっていたんです。自分ひとりではどうにもなりませんでしたから。

そしてようやく外出できるようになったころ、弁護士さんから松本先生を紹介してもらったんです。

先生はまず担当医として「あなたは重度の薬物依存症です」と宣告すると、呆然としているぼくにさらにこう言ったんです。

「薬物依存を治す薬はありません」

ショックでした。自分の中ではどこかで「薬物の欲求を抑える特効薬があるんじゃないか」とか、「現代の医療に不可能なことなんてないんじゃないか」とか、そういう期待を抱いていましたから。

でも先生はこうも言ってくれました。

「この病気は治ることはありませんが、回復することはできます」

それから薬物依存症に関するテキストを渡してくれました。

ページを開いてみて、なんというか……時間が止まったような感覚になりました。

そこに書かれていたのは、ぼくそのものだったからです。

テキストにはおもに依存症からの回復プログラムについて書かれています。ただ、ぼくが心を奪われたのは、世界中の患者が自分の体験をもとに綴《つづ》った言葉でした。それはまさにぼく自身が体験してきたこととまったく同じでした。

だれもが最初は軽い気持ちなんです。不安から逃れたいとか寂しさを紛らわすために手を出します。それで苦しみから一瞬だけ解放される。

たった1回だけのつもりなんです。これでやめれば、なんてことはないという気持ちでいます。それが蟻《あり》地獄のはじまりなんです。

覚せい剤を使うと脳から神経に快感を与える物質が大量に出ます。そうすると、脳はその快感を覚えてしまう。これは心とは別の問題なんです。

いくら自分の心の中で「あの1回だけだから、もうやらない」と思っていても脳から命令が出れば体は逆らえない。そしてまた使う。

それからは、すべてが薬物を最優先にまわっていくようになります。どれだけやめようと思っても、いずれはやってしまいます。

大切な人を傷つけるわけにはいかない。自分には薬物なんかよりも大事なものがある。もうこれっきりにしよう。いくらそう誓っても心は脳に勝てません。大切なものの優先順位が狂わされて、薬物が最優先になってしまうんです。

やがて薬物をやっていることを知られないために、家族や友人に嘘をつくようになります。その場を取り繕《つくろ》うだけの、いずれだれにでもわかってしまう嘘です。それが怖くて人間関係を断つようになります。そうやって人との繫《つな》がり、社会との繫がりを失っていって、だんだんと孤独になって、ますます薬物へと堕《お》ちていきます。

テキストにはそういうことが書かれていて、ぼくもそれとまったく同じ道を通ってきたんです。

＊＊＊

清原は「ホワイトブックレット」と呼ばれる白い冊子を持っている。

いつもは部屋のテーブルの上に置いてあって、必要なときは外に持って出る。いずれにしても常に清原の身近にある。

「Narcotics Anonymous（ナルコティクス・アノニマス）」

表紙にはそう書かれている。

直訳で「匿名の薬物依存症患者たち」を意味するこの団体は、依存症からの回復をめざす相互援助の集まり（自助グループ）だ。入会金も会費も必要ない。年齢、人種、宗教、あらゆる所属を問わず、会員になる条件はただひとつ「薬物をやめたいと願っていること」だけである。

ホワイトブックレットはその入門書だ。依存症から回復するための「12のステップ」「12の伝統」が書かれている。病院での回復プログラムも施設でのグループミーティングも、こうしたテキストに基づいて進められていく。

そしてその中には「個人の物語」として時代や国境、性別を超えて、世界中のあらゆる薬物依存症患者たちの告白が書かれている。

『サンフランシスコの看護師は16歳でアルコール依存症になった。そのあと病院勤めであることを利用して薬物を入手するようになり、ついに26歳のとき自殺をはかった』

『ある改革運動家は少年時代に家庭崩壊から目をそらすため麻薬に手を染めた。それから薬物を切らしたことがなかった。逮捕されたことも入院したこともなかったが、ついにあるとき、社会のだれも知らない孤独の中で自分が人間だと思えなくなった日を迎えた』

『アリゾナの少年は父親に叩き込まれた倫理観から神経症になり、やがて過食症になり肥満体になってしまった。このままではいけない、痩《や》せなければと手をつけたヘロインによってその後は何度も刑務所送りになった』

彼ら彼女らはやがて同じ苦しみを持つ人たちに行き着いて、地獄から抜け出す糸口を見つける。中には光と闇の境界線を何度も行ったり来たりする者もいる。この病気にはそもそもゴールと呼べる出口がないからだ。

清原はそれらの物語を読んで自分を重ねる。そうしているうちに自分だけに巣食っていると思っていた巨大な闇が、あらゆる人間の内面にあることを知っていく。

他の人間も同じように陥《おちい》る病気なのだということを知っていく。

これは薬物依存症において効果があると言われる治療プログラムだ。

＊＊＊

振り返ってみると、ぼくが覚せい剤を手にするきっかけになったのもほんの小さな心の穴でした。

おそらくだれにでもあるような満たされない気持ちでした。

２００８年10月１日。オリックスで現役を引退した翌日から、ぼくにとっては第二の人生がはじまりました。バットを握らなくなりました。もう手術した左膝の状態を朝から晩まで考えなくてもいいし、もう打たなければならないという緊張や重圧も感じなくてもいい。最初はすごく解放的な気分でした。

　家族と過ごす時間が増えて、週末になれば長男が出る少年野球の試合を見に行くことができました。

　いっしょにスポーツ用品店に行って、バットやグラブを買う。

　バッティングセンターに行って「もっとこうやって打った方がいいよ」と教えてあげる。

　ぼくの言ったことを息子が聞いてくれてどんどん上手くなっていく。

　こいつ才能あるなあと、親バカのようにうれしくなっているぼくがいる。

　毎週、毎週、息子の試合の日が待ち遠しくてしかたありませんでした。今までに手にしたことがなかった種類の幸せを感じていたんです。

　今思うと、これ以上ないという幸せの中にいたはずなのに、あの当時のぼくはそれに気がついていませんでした。

　野球をやめた瞬間からどこかぽっかりと心に穴が空いたようで、いつも何かが足りないような気がしていました。

　つまり自分がもうホームランバッターではなくなったということを受け入れる

ことができなかった。あのホームランの快感をどこかで追い求めていた。それに代わるものを探していたんです。

昔からぼくには趣味がありませんでした。ゴルフにもギャンブルにも夢中にはなれない。野球解説者の仕事にも、タレントとしてテレビ出演する仕事にも、没頭することができませんでした。つくづく野球にしか夢中になれない人間で、野球がなくなったことに対する空白感というのがずっとありました。結局、ぼくは自分の手にあるものに目を向けることができず、失ったものばかりに目を向けていたんだと思います。

そしてぼくは自分のことをだれよりも強い、だれにも負けない人間だと考えていて、つまりは傲慢《ごうまん》だったんです。

自分が描いていた清原和博というのはこんなものじゃない。そう悩むようになって、その心の喪失感を埋めるために、夜の街に飲みに出ることが増えていきました。

あのとき、自分はどういう人生を歩みたかったのか、よくわかりません。ただただ歓声と快感と刺激を求めていたような気がします。

お酒の量がどんどん増えていって、溺れるようになっていきました。

そんなとき夜の酒場で薬物を持っているという人間に出会いました。その人物は白い粉を出して、これをやれば憂うつなんか吹っ飛んでしまうと言いました。

そこでぼくは本当にもう軽い気持ちでそれを手にしたんです。

目標を持てず、何者なのかわからない自分が嫌で嫌で、そういう自分から逃げだしたくて、酒を飲んだ勢いでやったんです。

その1回がすべてでした。あとから考えれば、そこからはもう転げ落ちるようでした。

自分ではいつもの自分でいるつもりでした。嫌な気持ちを忘れるために夜な夜な酒を飲んで、覚せい剤をやって、それでも家に帰ればいつものように家族と過ごしている。

家族のまえではいつもと同じ父親でいる。「アパッチ」でいる。そうしているつもりでした。

ただ夜になると、家族には言えないもうひとりの自分がいる。はじめは少量の覚せい剤を水で溶かして、それを熱してからストローなどで吸引する「あぶり」

という方法でやっていたのですが、だんだんと量が増えていきました。

そうしているうちに覚せい剤を買いにいくために友人や知人との約束をすっぽかしたり、仕事もすっぽかしたり、家族との時間さえ削っていくようになりました。

記憶も曖昧《あいまい》になっていって、自分がどういう行動をしたのか、だれに何を言ったのかもわからなくなっていくんです。暴言を吐いたり暴力を振るったという記憶はないんですが、あとから考えると、そういうこともあったのかもしれないと怖ろしくなります。

おそらく元妻の亜希はそれに気づいて、ずいぶん悩んだのだろうと思います。

でもぼくはそのことに気づいていない。相変わらず「ちょっとだけ不安から逃げるために薬をやっているだけ。いざとなったらいつでもやめられる」と考えていました。

そのときにはすでに薬物に支配されていたんです。

そして、ある日、家に帰ったらだれもいませんでした。

荷物も何もかもなくなっていて、もぬけの殻《から》です。

ぼくがいちばん大切なものを失った瞬間でした。

それでもまだぼくは何が起こったのかを理解できず、受け入れられず、息子が試合をやっているグラウンドや学校にまで行って探しまわったんです。

致死量を超えていた

ほんとうに何もかもがテキストに書いてある通りで嫌になってしまいます。家族を失ったぼくはそれで薬物をやめるどころか、孤独を埋めるためにどんどん薬物を使うようになっていきました。

もう半分は自暴自棄になっているので「あぶり」では物足りなくなって注射器を使って、静脈から直接体内へと入れるようになっていったんです。

薬物を使うと頭がすっきりと冴《さ》えて何日も眠らなくても平気になります。ただ効き目が切れると何日間か死んだように眠り続けるんです。

人間の脳というのは快感を覚えると、次からは同じ快感では物足りなくなってしまいます。さらに強い刺激を求めるようになって、薬物はとめどなく増えていくんです。

これはあとから先生に聞いたことですが、ぼくが使っていた覚せい剤の量は致死量を超えていたそうです。あのころは失うものなんてなかったですから、やけになっていたんだと思います。

あまりに大量の薬物を使ったために気を失ってぶっ倒れて、病院にかつぎ込まれたこともありました。医学用語でいうところの「オーバードーズ」で、そのときは頭に電気を流してかろうじて命をとりとめたような状態だったそうです。

もうそのころにはまわりに残っている人たちはみんな、ぼくが薬物依存だと知っていました。父も母も、一部の友人たちも……。

それでもぼくはまだそんな自分を隠しながら、薬物はやめられると信じていました。

このままじゃダメだ、もうやめよう、もうやめなければいけない。そう思っている自分がいる。でも結局はやめられない。薬に逃げて、そんな自分に失望して落ち込んで、自分を責め続けてまた薬に逃げるという繰り返しでした。

命の危険にさらされたのに、さらにそれ以上の薬物を体内に入れてまた倒れました。

集中治療室のようなところに入っているぼくのもとへ両親は駆けつけて、お母さんは医師の足にすがりついて泣いたそうです。

「お願いです！ 先生、なんとかこの子を助けてやってください！」

それでもぼくはお母さんに薬物のことを打ち明けることができませんでした。自分ではどうにもならないから助けて欲しいと、だれにも言うことができませんでした。

やがて、もうこんな自分をやめるには、命を絶つしかないと考えるようになりました。

ただ、どうやって死のうか考えたとき、ぼくには短刀で腹を切るということくらいしか思い浮かびませんでした。そこで突然、刀を作っている職人さんのところに電話をかけて「短刀を売ってもらうことはできませんか」と相談したりしました。

それでも結局は死ぬことさえできませんでした。

気づけば現実逃避のために覚せい剤を注射している自分がいる。薬物という泥沼に首までどっぷりとつかって、もがくことさえ、身動きすることさえできない。

逮捕されたのはまさにそんなときでした。


「1週間、薬を使わなかった自分をもっと褒《ほ》めてください」


薬物をコントロールすることはできません。絶対にできません。

先生からもらったテキストを読んで最初にわかったのはそういうことでした。

ぼくが見てきた地獄がそのまま書いてあって、同じように苦しんできた人たちの話が書いてある。それを読んでようやく、そのことに気づいたんです。

それからは週に1回、先生のところへ通いました。

尿検査をして、問診を受ける。

「この1週間、薬を使わなかったのはすごいことですよ。そういう自分をもっともっと褒めてあげてください」

先生は病院へ行くたびに、そう言ってくれました。

そしてぼくは薬物についての知識を学んでいきました。

覚せい剤取締法違反で現行犯逮捕された2日後の2016年2月4日朝、警視庁から検察庁へ送検された。球界の大スターの事件は世間を驚かせた。(撮影：山元茂樹)

自分ひとりではとても薬物に打ち勝つことはできない。他人に頼って助けを求めていかなければいけない。薬物依存症の治療は、薬に負けたと認めて、弱い自分を認めて、人との繋がりをつくっていくことが大事なんだと、そういう知識を学んでいきました。

ただ、当時はそういうことを読んでも、実践することのできない自分がいました。

とても人と繋がるとか、そんな気持ちにはなれなかったんです。なにしろ薬物への欲求にくわえて、これまでに経験したことのないような苦しみが襲ってきましたから。

3 「うつ病と死の願望」

捜査員がぼくを追いかけてきます。

何もした覚えはないのに突然、追いかけられているんです。自分の部屋なのか、外なのか。ここがどこかわからないまま、どこへ向かうかもわからないまま、ぼくは逃げています。

必死に逃げるんですが、どれだけ走っても相手はどんどん近づいてきて、ついに捕まってしまいます。

「カチャン」というあの音が聞こえて、硬くて冷たい感触が肌に伝わってきます。自分の両手に手錠がはめられるところがはっきりと見えて、ああ、俺は捕まったんだ。やってしまったんだ。あれだけやめていたのに薬物をまた使ってしまったんだ……。

そこでぼくはガバッと起きるんです。

何が何だかわからずに真っ暗な部屋を見渡して、え？　一体どうなってるんだ？　ここはどこなんだ？　そうやってしばらく考えてみてようやく、ああ夢だったんだ、良かった……と胸をなで下ろすんです。

また別の日には、試合のために野球場へ向かっているぼくがいます。いつものように車を運転してスタジアムの駐車場に到着するんですが、なぜかそこで警備員に止められるんです。

ぼくはきょうのゲームに出るんだ。

いくらそう言っても警備員は入れてくれません。薬物をやった人間はここには入れないんだ。そう言われて、どうやっても入ることができない。もうゲームがはじまってしまうのに、ぼくは球場に入ることさえできない。こんなことがあるのかと絶望して、そこで目が覚めるんです。

ぼくはほとんど毎晩、こういう悪夢を見ています。

なぜそんなものを見てしまうのか、原因はわかっています。

ぼくは重度のうつ病だからです。

うつ病の中でもとくに重い「大《だい》うつ」

毎日、太陽が沈んで外が暗くなってくると憂うつな気分になります。

夜がくるのが怖い。まずそもそも眠れないですし、睡眠薬を飲んで眠ったとしても必ずと言っていいほどあの悪夢を見るからです。

そしてなんとか夜をやり過ごしたと思っても、さらに憂うつな朝が待っているんです。

朝はある意味、夜よりも辛いです。

日によって浮き沈みがあるんですが、布団から出られない日は昼になっても体を起こすことができず、そんな自分が情けなくなってきます。起き上がったとしても部屋の掃除くらいしかしないんですが、それさえできない自分に焦りを感じてしまうんです。外では世の中の人たちみんなが、それぞれの仕事をするために動いている。自分だけが世間のスピードについていけていないようで、取り残されているような孤独を感じます。渋谷のスクランブル交差点のようなところにいて、車も人もどんどんぼくを追い越していく。ぼくだけがその真ん中に立ち止ったまま動けない。そういう感覚に陥るんです。

だからぼくの部屋のカーテンはいつも閉まっています。

去年の秋くらいから空気を入れ替えるために、たまに窓を開けられるようになりましたが、あとはほとんど日光や外の世界を遮断《しゃだん》するために閉めきっています。孤独を紛らわせるために、部屋では大体いつもテレビをつけていますが、それもただ流れているだけです。頭がぼーっとして何を言っているのかわからないことがほとんどです。

この4年の間でまわりの人たちは「だいぶ元気そうになったね」と言ってくれるようになりました。でも自分としては相変わらず一日何もできない日がありますし、悪夢で目覚めるのが怖くてアルコールに逃げてしまったりもしています。

ぼくはうつ病の中でもとくに重い「大うつ」という病気だそうです。

この4年間、薬物依存症とともにこの病気とも戦ってきました。そしてある意味では薬物よりもぼくを悩ませています。

朝、昼、夕、そして寝る前の睡眠薬も含めて、うつ病の処方薬は欠かさずに飲んでいます。

ただ、この病もやはり薬物と同じように特効薬は存在せず、気合いとか体力でどうにかなるようなものではありません。いつ終わるかもわからない精神的な病なんです。

うつの重さは薬物の量に比例

薬物依存症とうつ病はコインの表裏のような関係です。

先生のところに通い始めたばかりのころ、「薬物依存症の人間はうつ病になる可能性が高い」という話をされました。

これまで不安や落ち込んだ気持ちを覚せい剤によって埋めていたわけですから、それがなくなれば、心がずっと沈んだままで、すべてのことに意欲がなくなってしまうのは、ある意味、当たり前なんですよと言われました。

つまり、うつの重さはぼくが使っていた薬物の量に比例しているんです。

「清原さんが使っていた覚せい剤の量は、完全に閉鎖病棟に入っていてもおかしくないレベルです」

当初、先生にはこう言われました。「オーバードーズ」でぶっ倒れるくらいの、命の危険があるほど多量の覚せい剤を体に入れていたわけですから、その反動として心の穴も深く大きくなってしまったわけです。

先生には何度も入院を勧められましたが、ぼくはそれを断り続けました。

病院にはたくさんの人がいます。患者さんや病院のスタッフの人たち。そういう人たちに「清原さんですよね」と声を掛けられるのがすごくストレスなんです。決まった時間に点滴や体温を測りにくる人からもそう声を掛けられることがあって、自分がボロボロの状態のときに、そうされると心が爆発してしまうんです。

過去に怪我や糖尿病などで入院したときにも何度かそれが原因で暴れたことがありました。だからなるべく人に会わなくていいようにと入院はしませんでした。

ただ先生がそれだけ強く入院を勧めたのにも理由があって、それは自殺防止のためだったんです。うつ病というのは「死にたくなる病気」だからです。

「自殺の方法」を検索

うつ病の症状が襲ってきたのは逮捕され、薬物をやめて数カ月が経ったころでした。

「うつ病の人は朝を怖れる」

これはよく言われることなんですが、本当にその通りでした。

朝、目が覚めてもまず起き上がることができません。体が動かないというよりは心が動かない。だから何もできないという状態です。

立ち上がることすら嫌で、横になったままの状態で時間が過ぎていきます。頭はぼーっとしていて、今日一日何をしようかということすら考えられないんです。もちろん頑張ろうという気持ちはあるんですけど、頭の奥では頑張ろうとするんですけど、頑張れない。心に力が入らないんです。

太陽がいちばん高いところまでのぼって、正午が過ぎたころにようやく起き上がってもＩ持ちはズーンと落ち込んだままです。今度はソファにぐったりともたれたまま、何も考えられずにまた時間だけが過ぎていきます。外に出ることなんて考えられないですし、だれかに会おうなんて気持ちにもなりません。

うつ病の対策としては散歩をすることが有効だとよく言われるんですが、逮捕されてから2年くらいは部屋から一歩も出たくない状態でしたから、外を歩く気力なんてとうてい湧《わ》いてきませんでした。

ようやく頭がまわってきて何かを考えられるようになったと思ったら、浮かぶのは「死ぬこと」なんです。

ぼくは保釈されたあと、しばらくは都内のタワーマンションに住んでいたんですけど、そのベランダから下を覗《のぞ》いていることがたびたびありました。

今の携帯電話というのはいろいろな情報を検索できるので、暇さえあれば「自殺の方法」というワードで検索してみたり、じっさいに飛び降り自殺した人の写真を見たり、そういうことを自然とやってしまっている自分がいました。

うつが「死にたくなる病気」だという意味がわかりました。

逮捕される前、薬物をやめられず短刀で腹をかっさばいて自殺しようと考えたことはありましたが、あのときの激しい衝動のようなものとはまったく違って、静かになんとなく死を望んでしまっているような感じなんです。

自分に合う薬が見つからない

先生のところへ通うたびに薬物依存症とともにうつ病の相談もしてきました。

「最近はどういう気持ちですか？」

先生に聞かれて、ぼくは落ち込みが激しいこと、死にたいという願望が浮かんでしまうことを説明します。

その問診を元にして先生は抗うつ剤を処方してくれるのですが、厄介《やっかい》なのは特効薬がないことの他に、なかなか自分に合う薬が見つからないことです。

最初に試した薬はよほどぼくには合わなかったのか、どんどん落ち込みが激しくなって倦怠感《けんたいかん》もそれは酷いもので、先生にとてもじゃないけど耐えられませんと相談して変えてもらったんです。

それからも試してみては合わず、その度に先生に頼んで薬を変えていったんですが、ことごとくダメで……。思うようにならない精神状態を処方薬のせいにしたりして、先生と喧嘩になったこともありました。

そうやって治療をはじめて1年半くらいして、ようやく少しは落ち着いたかなという感覚の抗うつ剤に出会えました。

＊＊＊

「うつ病の薬のせいなんです……」

逮捕されてから2年ほど、清原はそうやって頭を抱えていることがよくあった。

自分が以前とは別人のようになってしまったからだ。

思考がまわらない。言葉が出ない。感情が表せない。

その原因として抗うつ剤がある。

ただ、そうとわかっていながら清原はそれを手放さなかった。

覚せい剤から脱したというのに清原はその意味で〝薬漬《づ》け〟だった。

抗うつ剤が恨《うら》めしいと嘆きながらも、御守りのように離さない。

その先にあるのは表裏一体の関係にあるという薬物依存への怖れであり、また振り出しに戻ってしまうことへの警戒心だ。

この4年間のうつ病に対する悩みの深さは、それ以前、覚せい剤を常用していた当時の清原が堕ちていた闇の深さをそのまま映し出していた。

＊＊＊

このどんよりと沈んだ気分がいつまで続くのか。うつ病に悩んで1年くらい経ったころ、もどかしくて先生に聞いたことがあったんです。

もし終わりがあるとすれば、ぼくはどれくらいまできているんですか。

そうしたら先生はこう言いました。

「富士山で言えば、五合目か六合目をうろついている感じです。ただ、また逆戻りしてしまう可能性もあります」

かなりショックを受けました。逆戻りという言葉がものすごく重かったんです。薬物依存症に完治はありませんが、このうつ病というのもある意味で、はっきりとした終わりが見えないんです。日ごと、時間が経てばよくなっていくわけではなくて、精神的なダメージがあれば後退してしまう可能性がある病気なんです。

最初に面会に来てくれた「アキラ」

それについては思い当たることがあります。

ぼくには何でも相談できる友人がいました。まだ逮捕される前、覚せい剤をどうしてもやめられないという悩みも彼には打ち明けていました。

「アキラ」。少し年下の彼のことを、ぼくはそう呼んでいました。

家族を失って、野球界の友人とも距離を置くようになって、まわりにだれもいなくなってからもアキラはいつもぼくの側《そば》にいてくれました。

夜をひとりで過ごしたくないぼくのために料理を作ってくれて、今度こそ覚せい剤をやめられるように頑張りましょうと励ましてくれました。

逮捕されてしまったあと一番最初に面会に来てくれたのもアキラでした。

いつも留置場に差し入れを持ってきてくれて、保釈のときには車で迎えにきてくれて、入院していた病院にもきてくれて、どれだけ勇気づけられたかわかりません。

そのアキラが、ぼくが保釈されて千葉の病院を出てからまもなく、自ら命を絶ったんです。

じつはアキラも家族を失い、ぼくと同じような精神的な悩みを抱えていました。同じような弱さを抱えていました。だからこそ一緒にいられたのかもしれません。それなのに、ぼくはアキラの悩みについて相談に乗ったり、励ましたりしてあげたことがあったかなと……。自分は少しもアキラの力になれなかったなという後悔で精神的にものすごく落ち込みました。

そして何よりショックだったのは、アキラが死んだという知らせを受けたときに、ぼくが泣かなかったことです。涙が出てこなかったんです。

ああ、ぼくは覚せい剤によって感情まで失ってしまったんだなと呆然としたような気持ちでした。うれしいことがあれば笑って悲しいことがあれば泣く。そうした人間として当たり前の感情までぼくは失ってしまったのかと、自分自身に絶望しました。

それからもしばらくは「アキラがいてくれたら、アキラがいてくれたら……」と思うことばかりで……。ぼくのうつ病が酷くなったのはそれからだったと思うんです。

4月8日。アキラの命日です。

毎年、その日になると、あのころの絶望感を思い出してしまうんです。

気力を振り絞って取材へ

こんなこともありました。

逮捕されて1年くらい過ぎたあと、スポーツ雑誌「Number」から、自分の半生を振り返る連載の仕事をいただきました。

ぼくは部屋に閉じこもったきり、世の中とほとんど接点がありませんでした。だからこのチャンスに外に出られなければ、一生閉じこもったままかもしれない。これは自分がやり通さなければいけないことなんだと言い聞かせて、2週間に1度、ほんとうに気力を振り絞って取材の場所へと向かいました。

毎回、1時間くらいのインタビューを終えると、ぐったりしてその日はもう何もできないほど疲れ果てていました。

ある日、その取材の中で1985年のドラフトについて語ることになりました。ずっと憧れていた巨人から1位指名されると信じていたのに、ぼくは指名されず、早稲田大学への進学を決めていたはずの桑田（真澄）が1位指名された。

あの日のことを、あの日の気持ちを思い出して語りました。

昔のことを思い出して言葉にするのは、当時のぼくにとって毎回苦しいことでしたが、とくにあの日は苦しくて、話している途中から気分が悪くなってきました。そしてなんとか取材を終えて、車でマンションに帰る途中、心の動揺がおさまらなくてパニック発作を起こしてしまったんです。

運転手さんに車を止めてもらって外の空気を吸うために降りました。そして病院の先生に電話で連絡してもらったんです。

あのころは鏡や窓ガラスに映る自分の顔を見ると、まったく感情のない顔をしていました。

昔のことを思い出したり、大切な人のことを考えたり、心の奥ではいろいろな感情が生まれているんですけど、それがまったく表に出ない。全てがどんよりと暗い感情によって消されてしまう。

そういう日々がずっと続いていました。

抗うつ剤を手放せない

今もうつ病の薬は1日に4回飲んでいます。

朝、昼、夕、そして寝る前です。

毎回7、8錠が1パックになったものを飲むんですが、少しずつ内容は違います。最近は悪夢を見る回数が増えてきているので、夜の分には睡眠薬を多く入れてもらっています。

先生には睡眠薬はあまりよくないから、できればやめたほうがいいですよとは言われているんですが、これがないと眠れないですし、夜が怖くてしかたがないんです。

この4年間、うつ病の薬を飲み忘れたことは一度もないです。

どんなにうれしいことがあった日でも必ず飲みました。

ぼくもできればうつ病の薬はやめたいんです。副作用として体重増加、食欲増進があるので、筋力トレーニングをしても体重がなかなか減らず、体が絞れず、ぼくの体はでっぷりしたままです。これがずっとコンプレックスで「体が元に戻らなければ、本当の意味で清原和博には戻れない」という気がしているんです。でも自分の中には、うつ病の薬があるからなんとか気持ちを保っていられる、という感覚があるのも事実です。もし飲まなかったら自分がどうなってしまうのかが怖い。だからいつまでも抗うつ剤を手放せないんです。

あるとき先生がこんな話をしてくれました。

音楽やスポーツなど華やかな世界で、たくさんの注目を浴びて生きてきた人間というのは、他の人が知らないようなものすごい快感を脳が味わっているらしいんです。いわゆる躁《そう》の状態というか、あがっている状態というものです。だからそれを失ったときに気分が極端に落ちてしまったり喪失感から薬物へと逃げたり、うつ状態に陥りやすかったりするらしいんです。

たしかにそう言われてみると、ぼくは大観衆の中でホームランを打って、毎晩のように歓声を浴びるという経験をしてきました。あれほどの快感はどんな薬物を使っても味わえるものではありません。人生の中にそうそうあるものではないんです。代わりなんてないんです。

ただ、逮捕される前のぼくはそのことがわからず、野球やホームランがなくなってぽっかり空いた心の穴を埋めるために薬物に逃げてしまいました。逮捕されてからはその逃げ道もなくなって、それからは極端な高揚感とか快感のない平坦な日々を過ごすしかないんです。どんよりと暗く沈んだ気持ちと戦っていかなければならないんです。

「もし清原さんがいま元気だったら、私は（薬物を）やっているなと判断しますよ」

ぼくがしきりに「死にたい」と漏らしていたころ、先生にそう言われました。

うつ病によって落ち込んでいたり死にたくなったりしている自分こそが薬物からクリーンでいることの証明になっている。まったく厄介な病気です。

自分が薬物に手を出してしまった、溺れてしまったという罪を、ひどい憂うつによって罰せられているような気分です。

だから薬物依存とうつ病はコインの表裏のようなものなんです。

そう考えるとほんとうに、出口がないような気持ちになるんです。

4 「今ここにあるもの」

「お釣りはいらんで！」

昔、プロ野球選手だったころのぼくは、タクシーに乗って目的の場所まで着くと、そう言ってバーンと1万円札を出して偉そうに降りていったものです。

でも今のぼくはタクシーに乗って目的の場所まで着くと、まず運転手さんに「ありがとうございました」とお礼を伝えます。それから料金を払って、きちんとお釣りをもらいます。領収書も忘れずにもらいます。

するとたまに「頑張ってくださいね。応援してますから」と言ってくれる運転手さんがいます。以前はそうやって知らない人から声をかけられることすら鬱陶《うっとう》しいと思っていました。

でも今はその何気ないひと言が心に響くんです。

仰木監督は恩人であり、理解者

逮捕されてからの2年間、ぼくは真っ暗闇の中にいました。振り返ってみてもそういうイメージしか浮かんできません。カーテンを閉め切って、マンションの部屋に一日中閉じこもってほとんど寝たきりだったような気がします。

薬物依存症という終わりのない病気への絶望感と、うつ病による自殺願望のなかで、ただただやっと一日を生きていました。

どうすれば、この暗闇から逃れられるのか。

留置場から出たばかりのぼくがまずやってみたことは自分の過去をたどってみることでした。

4月の頭に千葉の病院を退院してから、静岡県伊豆の大仁《おおひと》ホテルに行きました。ここは現役時代、オフの期間中に自主トレーニングをやっていた場所です。懐かしくなってふと足を向けてみたくなったんです。

そのあと宮古島へ行きました。なぜか仰木（彬）さんとの思い出の場所に行かなければならないという気がしたんです。

仰木さんはぼくがジャイアンツから自由契約となった2005年、「おまえと野球がしたい。おまえの死に場所は俺が見つけたる」と熱い言葉で自分が監督をしているオリックスに誘ってくれました。ところが、ぼくがオリックスへの入団を決めた直後に癌《がん》で亡くなってしまいました。

ぼくにとってはずっと、仰木さんと同じユニホームを着てプレーできなかったのが心残りなんです。憧れだったジャイアンツを退団したぼくを拾ってくれた恩人であり、理解者でもありました。

仰木さんの写真は今も部屋に飾ってあります。

宮古島では、オリックスのキャンプのとき仰木さんが毎日の散歩に使っていた「仰木ロード」と呼ばれる道を歩いたり、球場に行って芝生の上を歩いてみたりしました。現役の晩年、左膝の手術をしたあと、よくこのサブグラウンドの芝を歩いたよなあって、あのころも苦しかったよなあとか、そういうことを思い出していました。

6月になると大阪の知人の家を借りて、1カ月ほど住んでいました。東京に戻ればぼくを狙うカメラマンがいたるところにいるような気がして、身を隠そうと思ったんです。その場所が大阪の繁華街の真ん中で、ちょうどぼくが西武ライオンズ時代に宿泊していた新阪急ホテルが見えたんです。

それを眺めながらぼくはルーキー時代を思い出しました。

18歳でプロに入ったばかりの1986年、ぼくは入団してすぐに門限破りをして外出禁止になりました。先輩たちは大阪でゲームが終われば北新地の繁華街に飲みに行ってしまいました。でもぼくは外に出ることもできず何もやることがなかったのでいつも新阪急ホテルの屋上で素振りをしていたんです。

知人に借りた家からは、あのころバットを振っていた屋上が見えて、あのころのままグリーンのマットが敷いてありました。ぼくが輝いていたころのままでした。

なんで自分がどん底にいるこんなときに、この景色を見るんだろうという感傷的な気持ちになりました。

夏が終わったころには岸和田の実家に帰りました。認知症で入院していた母の見舞いだったんですが、ちょうどぼくが住んでいた地域のだんじり祭りをやっている時期で、それを遠くから眺《なが》めていました。

中学までは祭りの日になれば、リトルリーグの練習も休みになったので、ぼくは鉢巻《はちま》きして、自分の町の法被《はっぴ》を着て外に飛び出していったものです。だんじりから伸びた太い綱を我先につかんで引っ張ります。子供は綱の前のほうしか曳《ひ》かせてもらえないので大きくなったらいつかど真ん中のだんじりに触れるところで曳いてみたい、俺もだんじりに乗ってみたいと憧れていました。

気づけば自分のルーツをたどっている。そんな日々でした。

甲子園球場にも行きました。

真夜中、だれもいない時間を見はからって外周をぐるっと歩いてみたんです。ぼくが高校のときはまだ古い甲子園でした。その後、改修されて新しいツタが植えられた。外壁に触りながら、ぼくは思わずツタを一枚切ってポケットに入れました。

ああ、俺はこんなすごい球場でホームランを打ったんだなあって、甲子園で優勝したんだなあって、ＰＬ学園時代を思い出しました。逮捕された現実とはあまりにかけ離れていて、なんだか不思議な気持ちになりました。

そうやってしばらくぼくは、自分の原点や野球人生のポイントとなった場所を巡っていたんです。

なぜそんなことをしたのか。

もしかしたら輝いていた自分に触れることで、なんとか気持ちを保とうとしていたのかもしれません。自分を勇気づけるためだったような気がします。俺は清原和博なんだと、俺はこんなことをやってきたんだと、そう確認することで、自分に対する尊厳を取り戻すことができるような気がしたのかもしれません。

ただ実際はそうはいきませんでした。あのころはこうだったなあ、あの年はこんなことがあったなあと輝いていた時期を思い出すたびに突然、逮捕された瞬間のことが浮かんできて、ああ、なんでこんなことになってしまったんだろうと、今の自分とのギャップに絶望することの繰り返しでした。

過去をたどってみたところで前には進めなかったんです。

アキラからの最後のメッセージ

振り返ってみれば、どん底にいたあのころのぼくを支えてくれたのは過去の栄光ではなく、すぐ側にいる人たちでした。

保釈のときに車で迎えにきてくれたのは「アキラ」でした。

アキラは留置場にずっと差し入れをしてくれて、ぼくが少しでも前向きになれるようにと王（貞治）さんや江夏（豊）さんの本を届けてくれました。自分と向き合う時間だけはたっぷりとありましたから、野球界の偉大な先輩たちの本を読んであらためてわかったことがたくさんありました。

ずっと側にいてくれたアキラは最後までメッセージをくれたような気がします。

あれはアキラが命を絶った直後、愛知県で行われた告別式に出席したときでした。

アキラのお母さんを見たんです。

息子の変わり果てた姿に憔悴《しょうすい》しきっていました。

アキラのお母さんが泣き崩れる姿を見て、ぼくは自分のお母さんを思い出しました。

ぼくは自分の苦しみから逃れるために「死にたい、死にたい」なんて言っているけど、岸和田で認知症の治療をしているお母さんは、ぼくが先に死んだらどんな気持ちになるのだろうと想像することができたんです。

「死んでからの方が苦しいんです」

また当時、ぼくには薬物依存症との戦いを支えてくれる女性がいました。

ぼくよりもずっと若いんですが、しっかり者で依存症の身内が集まる「家族会」という集まりにも出てくれていました。起き上がることもままならず、うつろな表情で一日中ぼーっとしているぼくのためにメンタルやフィジカルのトレーナー資格を取る勉強をしてくれていました。

「私がトレーナーになって、あなたを鍛えるから」

彼女はそう言って、励ましてくれたものでした。

ぼくはアキラや彼女のようにボロボロになっても側にいてくれる人たちに、「もうだめだ、死にたい」と胸の中の苦しみを吐き出していました。それで自殺願望が消えるわけではないんですが、そうやってなんとかぎりぎりのところで心を保っていられたんだと思うんです。

あるお寺の住職にも何度も救いを求めました。

神奈川県の藤沢市にある示現寺《じげんじ》というお寺の鈴木泰堂《たいどう》さんという住職なんですが、その人は死んでしまいたいと訴えるぼくにこう言ってくれたんです。

「清原さん、死んだら楽になれると思ったら大間違いですよ。死んでからの方が苦しいんです。死は必ず訪れるものですから、自分から寄っていくものではありません。今は人生の修行なんです。死んで楽になることは絶対にありません。何度でも清原さんに言いますから、それを忘れないでください」

ぼくはそう言われてなぜか少し落ち着くことができました。死んでからの方が苦しいなんてことは、今まで考えたことがありませんでしたから。ぼくはずっと自分が世界で一番不幸かのような気持ちでいましたから。

「お前まで俺を疑うんか！」

もう完全に見捨てられたと思っていた野球界の仲間も、ぼくのために動いてくれました。

佐々木（主浩《かづひろ》）が逮捕されてすぐにメッセージをくれたんです。

「俺にできることがあったら何でも言ってくれ、何でもするから」

それで実際に初公判のときにはぼくの刑を少しでも軽くしようと、情状証人になってくれました。自分の立場やリスクもかえりみずに、ただ「友達だから」と言って証言台に立ってくれた。

ぼくは逮捕される前、薬物疑惑について心配してくれた彼を突っぱねたんです。

「薬物なんてやってない！　お前まで俺を疑うんか！」

そうやって嘘をついたぼくのために証言してくれたんです。

保釈されたあと佐々木が連絡をくれて食事に誘ってくれました。あれはいつだったかな……。とにかく逮捕されてから初めて佐々木と会ったんです。あの日、ぼくはあいつに合わせる顔もなくて、ただただ「悪かった、悪かった」と謝っていました。

あいつは「もういいよ」と今まで通りに接してくれました。ぼくはそれがうれしくて、申し訳なくて涙がでてきました。

同い年で、名前も同じで、性格はまったく反対なのになぜかウマが合う。高校3年のとき、国体の会場で初めて話したときからそうでした。

男同士、そんなに言葉は必要としないので、佐々木がぼくについて思ってくれていたことはよくわかっていました。それでも逆の立場なら、ぼくはああいうことができただろうか。そう考えると、あらためてすごい男だなと思います。

佐々木だけでなく、西武の先輩であるデーブ（大久保）さん、PL学園の後輩である立浪（和義）たち、巨人時代の後輩である小田（幸平）も折に触れて励ましてくれました。

そしてメジャーリーグで活躍しているダルビッシュ（有）くんにもとても助けられました。

逮捕された直後に人を通じて「できることがあれば何でも言ってください」と

メッセージをくれて、そのあともぼくについて世間に発言してくれたりしました。あのころ真っ暗闇の中にいたぼくは、そういう人たちに対して「ありがとう」という言葉すら伝えることができなかったり、笑顔ひとつ見せることができなかったかもしれません。

もうアキラはこの世にいませんし、支えてくれた彼女とも別れました。何かを返すことなんてとてもできませんでした。

でも間違いなく言えることは、薬物依存症と戦うために必要なのは過去の栄光や自分のプライドなどではなく、今そばにいてくれる人なんです。ぼくが死なずに、今も生きていられるのはその人たちのおかげなんです。

プロ野球選手だったころのぼくはずっと、自分はだれよりも強くなければいけないと言い聞かせてきました。世の中の人たちが抱く「清原和博」のイメージ通りに、だれの力も借りず、だれもできないことをやってしまう自分でなければならないと考えてきました。そのせいか、まわりが敵ばかりに見えて、それに自分ひとりで立ち向かわなければいけないという気がしていました。孤独感が常にありました。

でも今、ここにいるのはひとりでは何もできない清原和博です。

この戦いはひとりでは絶対に勝てないんです。今なら少しはそれがわかります。

だからぼくはタクシーの運転手さんに「ありがとうございました」と伝えます。

こんなぼくに声をかけてくれる人には「ありがとうございます」と御礼を言います。

＊＊＊

清原は変わった。そう証言する人物がいる。

プロ野球選手だったころは何を忠告しても「は？」と目を細めて薄笑いを浮かべるだけだったが、すべてを失った今は少なくとも耳を傾《かたむ》けているとその人物は感じている。つまり清原は手にしたものを失ってから己の傲慢さに気づいたように映る。ただ考えてみればそれは当たり前なのではないかと、その人物は言う。

16歳から日本全国にその顔と名を知られ、18歳でプロの世界に入って、他の人たちが一生かかっても手にできないような地位と大金を若くして手にした。その代償として常に世の評価にさらされ、強くなければならない、もっと何かを成し遂げなければならないと、自分を強迫してきた人間というのは、そうなるのが当たり前なのではないかと。

そして清原はそれがだれよりも極端だったのだと。

＊＊＊

側にいてくれる人たちのおかげでなんとか死なずに生きていたぼくが、少しずつ立ち上がれるようになったのは、逮捕から2年が過ぎたころのことでした。

何か目標を見つけよう。それに向かって自分の力で動き出してみよう。わずかですが、そういう気持ちを持てるようになったんです。

きっかけは1本のバットでした。

1985年、夏の甲子園の決勝戦でホームランを打ったバットが、ぼくの手元に戻ってきたんです。

そのときはまったく気づいてもいませんでしたが、あとから思えば、そこから少しずつ光が差し込んできたような気がします。

5「希望のバット」

あのバットはどこにいってしまったんだろう——。

保釈されて真っ暗な部屋に閉じこもっていたとき、ふとそんなことを思いました。

薬物やうつ病との戦いに絶望していたころだったので、何か縋《すが》れるものがほしかったのかもしれません。

あの金属バットのことが思い浮かびました。

＊＊＊

1985年の夏、全国高校野球選手権大会で頂点に立ったのは大阪のPL学園だった。

山口の県立校・宇部商業との決勝戦は9回裏、サヨナラ勝ちという劇的な形で決着し、PL学園の選手たちは甲子園球場のホームベース上に駆け寄り、そして抱き合った。

ただ、よく見てみるとその光景にはどこか不思議さがある。

歓喜の輪にただひとりバットを持ったままの選手がいるのだ。

もうゲームは終わっているというのに、我を忘れて喜んでいる仲間たちの真ん中でバットをしっかり握って、それを掲《かか》げたまま泣いている。

この日、2本のホームランを打った清原和博だった。

そのシーンは写真となり、彼の野球人生の節目として多くの人に知られるようになった。多くの人がその写真を知っている。

だが、あのときなぜ清原はバットを持ったままだったのか。

それについて説明できる者はだれもいない。

＊＊＊

ぼくは今まで何千、何万本というバットを手にしてきましたが、そのほとんどすべてをだれかにあげてしまいました。応援してくれた人や助けてくれた人に何か恩返しをするときに、バット以上に喜んでくれるものはないからです。

甲子園で打った13本。プロで打った525本。そのなかにはプロ初ホームランや通算500号など記念というべきバットが何本かあるんですが、そういうものもすべてお世話になった人や身内にあげてしまいました。

2000本安打のバットはお母さんにプレゼントして、亡くなったときには棺に入れました。

そんな中でたった1本だけ、ぼく個人のものとして残っているものがあります。それが1985年の夏、甲子園の決勝でホームランを打った金属バットだったんです。

高校を卒業してからはずっと実家に飾ってあったのですが、あれは何年だったか……、甲子園球場さんから「展示用に貸してほしい」と頼まれました。

2010年に甲子園歴史館がオープンしてからは、そこに展示されていたんです。

ただ、ぼくが事件を起こしてからはあの金属バットも撤去されました。ぼくは留置場から出たあとにそのことを知って、なんとも言えない気持ちになりました。

すべてを失ったぼくにたった1本だけ残されたバット。そのバットが今はだれにも見られず、暗い倉庫に閉じ込められているのか……。そう考えるといてもたってもいられなくなって、弁護士さんを通じて「返してもらいたい」という連絡を甲子園球場側に伝えていたんです。

それがやっとぼくの手に戻ってきたのが2018年の5月終わりのことでした。逮捕されてから2年が過ぎていました。

とても重く感じた金属バット

曇り空の、今にも雨が落ちてきそうな日でした。

甲子園歴史館の職員の方がバットをケースに入れて、わざわざ大阪から東京まで運んできてくれました。白い手袋をしてそっとケースから出すと、ぼくの手に渡してくれました。

革のグリップ。しっとりとした質感。握った瞬間、ああ、これだ、そうだったと何かがよみがえってきました。プロ野球は木製のバットなので、ぼくは何年ものあいだ金属バットに触れていなかったんです。

すっかり筋肉が落ちてしまっていたぼくの腕には、金属バットがとても重く感じられました。高校生のぼくはこんなものを振り回していたのか。こんなに重いものでホームランを打っていたのかと。なんだか信じられないような気持ちでした。

グリップを握ったまましばらくバットを見つめていると、忘れていた感覚とか景色がよみがえってきました。それが何なのか。自分のなかの何かを変えてくれるものなのか。そういうことはまだわからなかったんですけど、とにかくしばらくのあいだ忘れていたものが体をかけめぐったんです。

あの金属バットが帰ってきた日、ぼくは次の日のことを考えながら眠ることができました。そんな夜は久しぶりでした。

そして翌日から部屋を出るようになったんです。

太陽の下に出て、人に会って「自分の肉体を変えたいんです」と相談できるようになりました。

ジムの扉を開けて、重たいバーベルを持つようになりました。

あれだけうつ病の苦しさに負けて閉じこもっていたぼくが、ある明確な目標を持って、それに向かって一歩を踏み出せるようになったんです。

夏の甲子園100回記念大会

この年、甲子園に大きな節目がやってくることは少し前から意識していました。

なにしろ長男が生まれたとき、「2018年、この子が高校1年生のときに100回大会がくるんだな。もしそれにこの子が出場できたら……」と考えていたほどです。

ただそんなことは長いあいだ忘れてしまっていました。家族を失って、息子たちと会うこともほとんど諦《あきら》めていましたし、何よりも薬物への欲求と戦って、うつ病の自殺願望と戦って、目の前の一日一日を生きることに必死でしたから。

ただそんなとき、何気ない会話の中から100回大会のことを思い出したんです。

あれは「Number」の連載で取材を受けている途中だったと思うんですが、PL学園3年生の夏に甲子園で優勝したときのことを話していて、そういえばもうすぐ100回大会ですねという話になったんです。ぼくから言い出したのか定かではないんですが、とにかく話している途中で「あっ……」と忘れものを思い出したような感覚になったんです。

もし100回大会の決勝戦に行くことができたら、何かが変わるだろうか。もう一度、あの高校3年生の夏にやったことができれば、そうすればこの暗闇を抜け出すきっかけになるだろうか。そんなことがふと頭に浮かんだんです。

ずっとなりたかった自分になれた決勝

1985年の夏というのは、ぼくの人生が変わった夏です。PL学園に入って1年生から4番を打たせてもらいました。甲子園で優勝して、それからすべての甲子園に出場しました。3年生になったときにはもうだれよりもホームランを打っていて、ぼくは甲子園の怪物と呼ばれていました。

ただぼくはずっと、あるコンプレックスを抱えていたんです。

桑田は1年生からエースとしてチームの勝利に貢献してきましたが、それに比べれば自分は貢献できていないなとずっと感じていました。当時のPLは「桑田のおかげで勝てた」というのが真実で、ぼくがいたから勝ったというゲームはあまりなかったような気がしていたんです。

KKコンビが「桑田、清原の」という順番で呼ばれるのもそういう理由なんだろうなと思っていました。

3年生になったばかりの春のセンバツ。ぼくらは準決勝で初出場の伊野商業（高知）に1－3で負けました。その試合でぼくは、相手のエース渡辺智男《とみお》に3三振を奪われました。見たこともないようなものすごいストレートで、まったくバットに当たる気がしませんでした。

敗戦のあとぼくはベンチで泣きました。みんなが去ったあとも、ひとりで泣いていました。

ああ、また4番バッターとして肝心なところで打てなかった。結局、今までの自分と何ひとつ変わっていないじゃないかと、そういう情けなさからです。とにかく悔しくて情けなくて、泣きに泣いて、その日PL学園の寮に戻ってから「夏の甲子園まで毎日300スイングする」と誓ったんです。その夜のうちから打ち込みをはじめました。

あのときのぼくは本当にそれから1日も休まず、300スイングすることができたんです。

手の皮が剝《む》けて、それが治ったと思ったらもう1回剝けて、それもやっと治ったと思ったらまた剝けて。そのたびに血まみれになって……。最後にはもう手の皮も剝けなくなったんです。

あの夏、それくらいのことをぼくはやり通すことができて、それが最後の甲子園で報われるんです。

8月21日、ぼくらは夏の甲子園の決勝で山口の宇部商業と対戦しました。

桑田はいつものような調子ではありませんでした。連投、連投でかなり疲れていました。ぼくは一塁を守っていて、桑田がギリギリのところで投げているのがわかりました。それにチーム自体もなんというのか、初回からずっと押されている感じで、重苦しい雰囲気でした。

こういうときに桑田やチームを救える自分というのを、ぼくはずっと追い求めてきたんです。

1点を先制されたあとの4回裏、まずレフトにホームランを打ちました。あとから映像を見てみると古谷（友宏）くんのインコースの速球でした。とにかくストライクゾーンにきたら振ろうということだけを考えていたら体が勝手に反応しました。もし狙って打ちにいったなら、あの球はファウルにしかならなかったと思います。それぐらい厳しい球でした。

ぼくのホームランで同点に追いついたPLはそのあと勝ち越したんですが、6回表にまた桑田が打たれて2－3と逆転されてしまいました。チームの重苦しさは変わっていなくて、だんだん追い込まれていく感じでした。

でも、ぼくはすごく集中できていて、その裏に今度はバックスクリーンにホームランを打ったんです。配球なんてまったく考えていませんでした。まさにきた球を打ったという無心で打てたホームランでした。

桑田が点を取られてリードされても、ぼくのホームランで追いつく。チームを勝たせる。ずっとぼくが求めていたのはそういうバッティングでした。本当にあの日のぼくは邪念なんてまったくなく、真っさらな気持ちで打席に立てました。ずっとなりたかった自分になれたんです。

9回裏、ぼくの前で主将の松山（秀明）が右中間へサヨナラタイムリーヒットを打ってくれました。その直前にぼくは彼に「ここで決めてくれ。マッ、決めてこい」と言ったんです。

最高の瞬間でした。みんなと抱き合って最後の最後に優勝できたことに涙しました。

写真や映像を見ると、そのときのぼくはもうゲームが終わっているのにバットを握ったままなんです。なぜなのか、それは自分でもよくわかっていません。ただ、夏の甲子園の決勝戦で望んでいた自分になれたのは、バットを振り続けた日々があったからだという感覚は、その後も強く自分の中に残ったんです。

あの夏のように甲子園の決勝にいこう

ぼくが甲子園の決勝にいこうと思ったのはそのためです。

自分が真っ暗闇にいる2018年、夏の甲子園100回大会がやってきて、あの決勝戦のバットがぼくの手に戻ってきた。そういう状況になったとき、あの夏の記憶が強くよみがえってきました。もう一度あの夏のように甲子園をめざしてみよう。何かに向かって一日一日を悔いなく精一杯に生きてみよう。そうすればあのときのように自分を変えられるかもしれないと思ったんです。

それから50歳のぼくは高校球児のように甲子園に向かっていきました。あるトレーナーについてもらって体づくりをはじめました。

ただ水曜、金曜、土曜と週に3回のジム通いを始めると、すぐにこれは容易なことではないなと気がつきました。現役のときは120kgを10回は上げることのできたベンチプレスが50kgも上がらなくなっていたんです。錆《さ》びついた肉体はすぐに悲鳴をあげて、うつ病の倦怠感に筋肉痛も重なって、いつもだるい感じがしていました。嫌でも自分の衰えを直視しなければいけませんでした。

相変わらず薬物への欲求がなくなるわけではありませんでした。うつ病の薬も飲み続けなければいけません。その副作用からかなかなか体重は減らないですし、筋力も上がっていかないんです。相変わらず先生のところで検査も受けなければならない……。

正直、高校3年の夏よりも、よっぽど挫《くじ》けそうになりました。

でも心の中ではどこかに甲子園のためならば耐えられると感じている自分がいました。

たった一本のバットがきっかけで、まったく太刀打ちできなかった病気に立ち向かおうという気力が出てくる。人間というのはそういうものなのかと驚きました。

逮捕されたあと、何のために生きていくのかも見つからなかったぼくにとって、それはようやく見つけた微《かす》かな光でした。

高校3年時の甲子園大会決勝戦(1985年8月21日)。6回裏、この日2本目となる同点ホームランをバックスクリーンに打ち込んだ。「ずっとなりたかった自分になれた」一打だった。(朝日新聞社／時事通信フォト)

6 「清原和博、甲子園へ還《かえ》る」

2018年8月21日。

あの日は朝からはっきりしない天気でした。

甲子園100回大会、決勝戦。

ぼくは緊張と不安と興奮で、ずいぶん早くに目が覚めました。

本当に甲子園に行くんだ。一体、どんな景色が待っているのだろうか。あの場所に行ったら自分はどうなるのだろうか。

高校生のときよりもそわそわとして、正直、前の晩はほとんど眠ることができなかったんです。

甲子園のお客さんに受け入れてもらえなかったら……

そのころ、ぼくはほとんどの時間を名古屋で過ごしていました。保釈されてからずっと自分をサポートしてくれている人たちがいたからです。名古屋市内の飲食店でマスターをされている人と、ゴルフクラブメーカーを経営されている人で、ふたりとも現役時代から付き合いがありました。

「マスター」と「ミヤチさん」。

甲子園の決勝戦へ行きたい。トレーニングをして、それにふさわしい自分になりたい。ぼくが胸の内を相談したところ、ふたりは全力で力を貸してくれました。

名古屋に拠点となるマンションを借りてくれました。トレーナーさんを探してくれて、ぼくのトレーニングにも付き合ってくれました。

朝、ミヤチさんが名古屋の中心街から少し離れたところにあるマンションに迎えにきてくれます。ジムでトレーニングをしてからマスターの店へ行って、特別に用意してくれた低カロリーの鶏むね肉のメニューを食べます。

そして休憩してからまたミヤチさんが迎えにきてくれてトレーニングにいって、夕方にはまたマスターの店で味付けを変えた鶏むね肉を食べます。

ただ最初はなんとか頑張れていたんですけど、しばらく続けても全然体重は落ちないし、筋力も上がっていかない。ブランクはあるし、うつ病の薬の副作用もある。もう昔の体とは違うので当たり前といえば当たり前なのかもしれませんが、だんだんぼくはイライラしてきました。トレーナーの人に当たり散らしたり、ミヤチさんと口をきかなくなったりしました。

朝も昼も夜も、迎えにきてくれるミヤチさんの車の中でも無言が続きました。糖質制限もしていたので、まったく頭がまわらず、言葉も浮かんでこないんです。自分のことに必死になるあまり、支えてくれている人たちに感謝を伝えることさえできませんでした。

それでもトレーナーさんは一生懸命メニューを考えてくれて、マスターは一流の料理人として毎食毎食、飽《あ》きないように工夫した料理を用意してくれて、ミヤチさんはぼくとまったく同じトレーニングをして同じ食事制限をして、送り迎えまでしてくれました。

あの人たちがいなければぼくは挫けていたかもしれません。甲子園へ行くのを諦めていたかもしれません。

弱音を吐いてまわりの人に当たり散らして、それでもこのままじゃ何も変わらないと思い直して……、そうやってもがいているうちに梅雨が明けて、夏がきました。

そうしてようやくあの8月21日にたどり着いたんです。

＊＊＊

清原が甲子園に行くこと、しかも決勝戦に行くことは現実的ではなかった。

「目立たないように少しだけ甲子園球場に入って、雰囲気を感じることができればそれでいいんじゃないのか？」

そう言う人は多かった。

「一回戦か二回戦のどれかワンゲームを少しだけ見て、すぐに帰ってくればいいんじゃないのか？」

側にいる者でさえ、そう考えていた。

ただ清原は、まわりが想像していた以上に決勝戦にこだわりがあった。

「自分としてはできれば、決勝戦がいいんです……。やっぱり、決勝戦に行きたいんです」

執行猶予中の清原がスタンドに現れれば周囲はどんな反応を示すのか。いろいろなことが考えられた。最悪のことも想像できた。ひとつだけ確かだったのは、もし何らかでも決勝戦の妨げになるようなことがあれば清原はもう二度と立ち上がれなくなるかもしれないということだった。

それでも清原は決勝戦にこだわった。

清原にとっての「甲子園」とはあくまで夏の決勝戦のことだった。

＊＊＊

甲子園へ行く日、いつものようにミヤチさんが車で迎えにきてくれました。そこからマスターの店に行ってマスターの料理で「出陣式」をして「いってきます」と告げてから、ミヤチさんとふたりで名古屋駅へ向かいました。

やれることはやった。そんな気持ちでした。

ただ新幹線が新大阪駅に着いて、そこからだんだんと甲子園球場が近づいてくると、ぼくの心の中で不安が大きくなってきました。その様子を察したのかミヤチさんが話しかけてくれるんですが、口数はだんだんと減っていきました。

見慣れた景色が広がってきて甲子園球場が見えてくると、もう自分の心臓がドキドキと鳴っているのがわかるくらいでした。そんなぼくの心の内を象徴するかのように、曇っていた空からはポツポツと細かい雨が降ってきました。

本当にきてよかったんだろうか……。

土壇場でそんな思いが頭をもたげてきました。

執行猶予中の身である自分がいけば、球児たちの晴れ舞台を妨げてしまうかもしれないという恐怖はずっとありました。

もしぼくが姿を見せたことによってスタンドで騒ぎが起きてしまったら……。

甲子園球場にいるお客さんに受け入れてもらえず、早々に立ち去らなければならなかったら……。

ようやく見つけた微かな希望を前にして、そんな想像ばかり浮かんできました。

「清原さん！　頑張ってください！」

球場に着くと大会運営スタッフの人たちに裏口に案内されて、そこから球場関係者しか知らない通路をすすんでいきました。もう試合がはじまる時刻でしたからお客さんはたくさん入っているはずです。球児たちもベンチにいるはずです。それなのに薄暗い通路にはまったく音が聞こえてきませんでした。

暗い通路を進みながら不安だけがどんどんどんどん大きくなっていきました。そして無言のままスタンドへと通じるエレベーターに乗って、その扉が開いた瞬間、ぼくはこれまで目にしたことのない景色を見ました。

目の前に広がっていたのは、プレーボール直前の静寂《せいじゃく》につつまれた甲子園でした。

さっきまでの細かい雨はあがっていて、雲のすき間から差し込んだ日差しが緑の芝生と黒い土のグラウンドを照らしていました。

お客さんでびっしりと埋まったスタンドが、キラキラと光って見えました。

夢なのか現実なのかわからないような光景に、思わず身を乗り出しました。

「清原さん！　頑張ってください！」

どこからか声がしました。

スタンドのお客さんがぼくに気づいて、その中からだれかが声を上げてくれたんです。それから周りにいた何人かの人たちが、ぼくのほうを振り向いたり、近づいてきたりして、手を振ってくれました。

ぼくは頭を下げながら「ありがとうございます、ありがとうございます」と胸の中でつぶやいていました。

もう不安は消えていました。

頑張れ、吉田（輝星《こうせい》）くん

午後1時58分。大阪桐蔭と金足農業の両校が整列しました。

気づけばぼくは、彼らにありったけの拍手を送っていました。

プレーボールを告げるあの独特のサイレンが鳴って、そこからはもう夢の国にやってきた子供のようでした。

大阪桐蔭の4番バッター藤原（恭大《きょうた》）くんがバットを振るのを見て「うわあ、スイング速いなあ」と驚きましたし、先制された金足農業がチャンスを迎えると、なぜかぼくも「打ってくれ」と祈るような気持ちになっていました。

大量リードされた秋田の県立校を後押しする雰囲気は、球場全体にありました。

これが甲子園なんだなあとうれしくなりました。

あの1985年を例にとれば、精鋭を集めたぼくらPL学園は大阪桐蔭の側で、地元の選手だけで戦っていた県立校の宇部商業が金足農業という構図だったんですが、なぜかぼくは大量リードを奪われても必死に投げ続ける金足農業のエース吉田（輝星）くんを応援していました。負けるな。頑張れ、頑張れって。

そしてなによりぼくの胸を打ったのは、彼らの戦いを見守る甲子園の温かくて厳《おごそ》かな空気でした。

この球場ではプロ野球に入ってからも何試合も戦いましたが、やはり高校野球の甲子園というのは別格です。

アルプスタンドからブラスバンドが聞こえてくる。ワンプレーワンプレーにお客さんが拍手をして歓声をあげる。そして、その合間に静寂があるんです。だれもが一瞬シーンと静まり返って固唾《かたず》を呑んで見る。ああ、高校3年間、この雰囲気の中でぼくは野球をやっていたんだと思い出したんです。

甲子園はあの頃と何も変わっていなかったんです。

ぼくは外野スタンドに目をやりました。

まずレフトを見て、そしてセンターの向こうにあるバックスクリーンを見ました。

33年前の同じ日。1985年8月21日。ぼくはレフトへホームランを打って、次にセンターバックスクリーンにホームランを打ちました。

あんなところまで飛ばしたのか。あの日の自分はこんなに大きな歓声を浴びていたのか。それをはっきりと実感をもって思い出すことができたんです。

午後4時18分。試合は終わりました。

大阪桐蔭の選手たちがグラウンドの真ん中で抱き合って泣いていました。あの日のぼくらのように優勝の喜びを分かち合っていました。

ぼくはなんだか帰りたくなくて、いつまでもその光景を見ていたい気持ちでした。でもぼくは帰らなくてはなりません。この中で真っ先に去るべきなのは自分だということもわかっていました。

再びあの暗い通路を出口へと歩いていきました。

ただ甲子園に着いたときとは違って、とても晴れ晴れとした気分でした。

ミヤチさんがぼくを見て「キヨさん、ほんとうにうれしそうな顔してましたよ」と教えてくれました。

自分では気づいていませんでしたが、ぼくは逮捕されてから一度も見せたことがないような顔で笑っていたそうです。

あのバットが戻ってきて、100回大会の決勝へ行くという目標を立ててから、実際に甲子園へ行ったあの日まで、ぼくはほんとうに高校時代のような気持ちで過ごすことができました。あの夏の自分に少しだけ戻ることができたんです。

まわりの人から見れば、たかが甲子園へ野球を見に行くだけじゃないかと映るかもしれませんが、ぼくはあの挑戦に人生を賭《か》けていました。甲子園にふさわしい努力をして、これから生きていくために、100回目の夏の甲子園をこの日に焼きつけておかなければならないと感じていたんです。

やはり自分の原点なんです。

野球をやめてからはずっと人生の目標が見つからなくて、いつも下を向いて生きてきました。逮捕されてからは、甲子園で自分が打ったホームランまで汚れてしまったような気がしていました。

でも甲子園の決勝戦をひとりの人間として目のあたりにして、あの空気を感じて、失っていたものを取り戻せた気がしました。これで明日からは少しは顔を上げて地に足をつけて生きていけると、帰り道にはそう確信していました。

ミヤチさんと名古屋に帰ってから、マスターの待っている店に報告にいきました。

ぼくがあまりにも今までと違う表情で帰ってきたので、マスターも驚いていました。人間ってこんなに変われるのかって。

その夜はひさしぶりにお酒を飲みました。美味《おい》しいお酒でした。こんな時間がずっと続けばいいのになと思うような幸せなひとときでした。

深酒して酩酊《めいてい》するように

ただ昇ったあとは必ずと言っていいほど降《くだ》りが待っている。人生はだいたいいつもそうなんです。

ぼくの体は極端な高揚感にはするどく反応してしまうようになっていました。甲子園から戻ってしばらくすると、また倦怠感に襲われるようになったんです。甲子園での幸せな時間の反動のようなひどい落ち込みようでした。燃え尽き症候群といえばいいのでしょうか。

あの夜に口にした美味しいお酒は、やがて現実から逃げるためのものになっていきました。そのころからぼくは、深酒をしてはたびたび酩酊するようになりました。

ぼくは薬物依存症とうつ病にくわえて、アルコールとも戦わなくてはいけないことを知っていくんです。

藤原、根尾昂ら強力打線を擁する大阪桐蔭と剛腕・吉田が牽引する金足農業との決勝戦を観るため甲子園に（2018年8月21日）。気づいた観客から、「清原さん！　頑張ってください！」との声が上がった。（撮影：杉山拓也）

7 「アルコールという落とし穴」

「清原さん、アルコールというのは合法ドラッグなんです――」

先生にはよくこう言われます。

薬物依存の治療をはじめた当初から、ことあるごとに言われてきたような気がします。薬物とアルコールというのはセットの関係にあって、断《た》つときも同時に断たなければならないそうです。薬物をやめた人がアルコールをきっかけに、また薬物に手を出してしまった例はたくさんあるそうです。

ぼくはもともとお酒が好きです。育ったのが大阪の岸和田で、あの町には「だんじり祭り」があります。祭りとお酒は切っても切れないものです。9月から10

月にかけて祭りの時期になると、大人たちは「寄り合い」という祭礼団体の集まりを夜な夜な開いて、そのたびに酒を飲みます。昼間から飲むようになります。それにまじって子供たちも早くからお酒をおぼえるんです。

祭りの日には早朝から酒を飲んで何トンもある重たい地車《だんじり》を曳いて突っ走る。それが終わったらまた飲んで、夜が明けたらまた飲むんです。

それが文化ですから罪悪感なんてありませんでした。

プロに入ってからも、西武ライオンズにはパ・リーグのなかでも豪傑と言われる東尾（修）さんらがいました。仕事も遊びも一流の人たちがたくさんいて、お酒の飲みかたもずいぶんと教えてもらいました。

ゲームが終わると、工藤（公康）さんは銀座、渡辺（久信）さんは六本木とか、人によって遊びにいくところが違うんです。シャワーを浴びて着替えると、颯爽《さっそう》と出かけていって真夜中になっても戻ってこない。

それでも翌朝になるとあれだけ遊んでいた人たちがもうグラウンドを走っている。

汗をびっしょりかいてゲームに備えている。

ああ、これがプロ野球選手というものか、かっこいいなあと憧れていました。

だからぼくも給料が上がっていくにしたがって、どんどん派手に遊ぶようになりました。お酒もたくさん飲みました。ビールにウィスキー、ワインにシャンパン、焼酎に日本酒まで。ぼくはなんでも飲めました。自慢だったのは、いくら飲んでも酔っ払って意識を失うことがなかったことです。

野球もホームランも消えて心にぽっかり穴が

そんなぼくがお酒に飲まれるようになったのはいつごろからだったのか……。やはり野球をやめて、日々の目標が見つけられなくなってからだったような気がします。お酒を飲むことの意味がだんだんと変わっていったんです。

現役を引退してから野球もホームランも消えて心に穴が空きました。それを埋めるために、だんだんとお酒の量が増えていきました。お酒をたくさん飲むと気持ちが大きくなって、自制心を失っていくような感覚がありました。初めて覚せい剤を使ったときも、かなりアルコールがまわった状態でした。

つまりお酒が引き金になって覚せい剤に手を出してしまったんです。だから先生はアルコールには気をつけろと、口を酸っぱくして言うんだと思います。

逮捕され保釈されたばかりのころは、お酒を飲む気にすらなりませんでした。うつ病の症状がひどかったですし、気持ちがお酒に向かう余裕すらなかったというのが正しいのかもしれません。それにそのころに使っていたうつ病の薬は「アルコールと併せて飲んでしまうと自殺の危険性がかなり高くなる」というものでしたから、怖ろしくてアルコールに手を出すことはありませんでした。

ところが甲子園の決勝へ行って、自分の心と体が少し動くようになってきてからは、だんだんとまたお酒を飲むようになっていったんです。

そのころのぼくには「飲みたい」と思えること自体が幸せに感じられました。それまでは気分が高揚することなんてほとんどありませんでしたし、一日の中にまったく喜びを見出すことができませんでした。そんなぼくが、ようやく少しずつ元に戻れている。お酒が飲めるというのがそのひとつの証のような気がしていたんです。

部屋に閉じこもっていたどん底の状態から、外に出てトレーニングをして、苦しくてもそれを続けて、そして100回大会の甲子園へ行くことができた。その達成感から、お酒もすごく美味しく感じるようになりました。

それからは何か気持ちが動いたときにお酒を飲むようになりました。だんだんと外に出る機会も増えて人と会うようになったので、その度に飲むようになっていきました。ときには深酒してしまうこともありました。

「これをやり遂げれば良い酒が飲めるかな」

それが何かを頑張ることのモチベーションになっていきました。

そしてだんだんとアルコールが日常のものになってくると、次第に後ろ向きな酒も飲むようになっていきました。何か辛いことがあったり、薬物への欲求が襲ってきたときに、それを我慢するためにお酒に逃げてしまうようになりました。

先生によれば、それこそ気をつけなければならない落とし穴なんです。

薬物依存症の患者さんには薬物への欲求から逃れるためにアルコールに逃げて、それまで張りつめていた気が緩《ゆる》んでまた薬物に手を出してしまうというケースも多いそうです。もしくはお酒に逃げた挙句、アルコール依存症になってしまったという例が少なくないらしいんです。

ぼくも甲子園の決勝から帰ってきたあと、燃え尽き症候群のような状態になって、それが不安だったり、そのころお母さんが危篤《きとく》状態になったことで辛く、精神的に落ち込む時期が続きました。そういうときにどうしても薬物が頭をよぎるので、その代わりにアルコールを求めてしまうことが多くなりました。

以前はどれだけ飲んでも意識がなくなるなんてことはなかったのに、あまりに量を飲むと意識が朦朧《もうろう》とするようになっていました。

そんな日がしばらく続くうちに体の調子が悪くなってきて、あるとき急に胃がだれかにつかまれているかのように痛くなったんです。おかしいな、おかしいなと思っているうちに背中まで痛くなってきたので、人間ドックで検診を受けたんです。

急性逆流性食道炎と診断されました。原因はやはり飲みすぎでした。

「アルコールは合法ドラッグなんです」

先生の言葉がリアルに響いてきて、怖くなりました。

先生はぼくが検査に行くたびに毎回のように「清原さん、お酒の量はどうですか?」と聞いてくれます。「お酒は飲まないほうがいいですよ。コンビニに売っているアルコール1%以下のお酒などは特に気をつけたほうがいいです」と注意してくれます。それでもこれは法律で禁じられているわけではないので、「もし飲む場合は体に入れる量をコントロールしてください」と言われているんです。

それからは、ぼくは糖尿病も持っているのでウィスキーをハイボールにしたり、それでも飲みすぎてしまうときはウィスキーのロックを数杯飲むていどにしていました。

また少しずつお酒の量を減らしていたんです。

そんなときにあの銀座での騒ぎを起こしてしまいました。

『清原、銀座で大暴れ』

あの日はジャイアンツ時代の担当記者と久しぶりに会って、いろいろと懐かしい話をしたんです。彼は酒を飲みますし、ぼくも楽しいお酒でついつい飲みすぎてしまいました。ただ彼は家が遠いということもわかっていたので、ぼくは「先に帰れよ」と遅くならないうちに別れたんです。そこまではよかったんですが、なんとなくぼくは家に帰りたくなくて、そこからまた知人と飲みにいってしまったんです。

ずっと酒を飲んでいたころであればそんなことでは酔わないんです。ところが量を減らしていたところに急に多くの酒を飲んだので、酩酊状態になってしまいました。

もう家に帰ったほうがいいという知人と、まだまだ酔っ払ってなんかいないというぼくがもみ合いになり、ぼくが暴れたところで警察のご厄介になったという始末でした。

『清原、銀座で大暴れ』

『清原、警察沙汰』

これは週刊誌に報じられました。ぼくのことをサポートしてくれてきた人、ぼくのところに戻ってきてくれた人、いろいろな人に心配をかけました。

やはり精神的な逃げ道というのは落とし穴が多いんだなとつくづく思います。

薬物依存症とうつ病を治療していくなかで、どうしても感情の浮き沈みが激しくて、元気だなという日もあれば何もやる気が起きなくて家にいる日もあります。些細《ささい》なことで精神的に左右されてしまって、その揺れをまぎらわすためにお酒を飲みたくなるんです。

たとえば去年の12月、八王子で開催してもらった野球教室のイベントがありました。そこにはデーブさんら球界の先輩後輩たちが集まってくれました。すごく嬉しかったのですが、ひとつだけ寂しかったのが、ぼくにはユニホームがないことでした。知人が特別にオリジナルのものをつくってくれたのですが、デーブさんは楽天のユニホームだったし、みんなそれぞれが過去に所属した、もしくは現在所属しているチームのユニホームを着ていました。

それを見ていて急に寂しくなったんです。

ぼくには結局どこの球団からも使用許可がおりなくて、ユニホームを着ることができなかった……。そういう現実がすごく胸に突き刺って、またたくさんお酒を飲んでしまいました。ほんとうに些細なことがきっかけだったりするんです。

ただ苦しいときにお酒を飲んでも結局は何も解決しません。だから理想的なのは、楽しいことや嬉しいことがあったときに、ほどほどに飲んで、うまくアルコールと付き合っていけることなんです。それはわかっているんですが、なにしろぼくは昔から「ほどほど」というのがなかなかできなくて……。それでいろいろな人に迷惑をかけてしまうんです。

銀座での騒動から少し経ってから、佐々木も心配して電話をくれました。

「ちょっと飯食おう。事情聴取や」

そういうことで久しぶりに食事をしました。当日はお酒も少し入りましたが、あれはまだ夜の12時になる前だったか、佐々木が急に立ち上がって「もう帰るぞ」と言い出したんです。

2人で飲むときはいつもかなり長くなるので、ぼくは「え？　もう？」と呆気《あっけ》にとられました。「まだ、ええやろ？」とぼくがなかなか帰らないでいると「だめだ。お前はあと3カ月で執行猶予が明けるんだから」と言って、ぐずっているぼくを強制的にタクシーに乗せて、自分の家とはまったく別方向のぼくのマンションまでわざわざ送ってくれたんです。

そのときは「なんで？　なんで？」とごねていましたが、あとで冷静になって考えてみて、ほんとうにいい友人だなあと感謝しています。

＊＊＊

清原には完璧主義の一面がある。強くなければならない。こんなことではいけない。とくに逮捕されてからの最初の2年間はそうやって自分を責めることが多かったという。ただ時間とともに自分の弱さにも目を向けるようになった。アルコールとの向き合い方にはその変化が垣間見える。

＊＊＊

ジャンボ尾崎さんの言葉

薬物への欲求をなんとか抑えたと思ったら、今度はアルコールの誘いに負けないようにしなければならない。うつ病で死にたいと思うことが減って外に出られるようになったと思ったら、今度はお酒の事件を起こしてしまう。

自制しなければならないことばかりなのも嫌になりますし、それに自分が負けそうなことにもうんざりします。

アルコールが合法ドラッグだというのは薬物依存症のテキストにも書いてあるんです。その通りかもしれません。むかしのアメリカではお酒が禁止の時代もあったわけですから。人間を破壊したり、ダメにするものはたくさんあって、ただ、人間にはそれに頼らなくてはならない弱い部分があります。

今のぼくはお酒まで完全にやめてしまうことはできていません。それは自分の弱さかもしれません。それでも先日、胸に響く言葉に出会いました。

プロゴルファーのジャンボ尾崎さんが「俺は我慢という言葉が嫌いだ」と言っていたんです。なぜかというと「我慢というのは我に慢心すると書くだろう。だから同じ意味でも俺は辛抱という言葉のほうが好きなんだ」と語っていたんです。これにはすごく感銘を受けました。やっぱりジャンボさんはすごい。ぼくも「我慢」するのではなくこれからずっと「辛抱」していくことにしようと決めたんです。辛さを抱きしめて歩いていくんです。

以前のぼくと違うのはお酒を一杯飲むたびに罪悪感に苛《さいな》まれているということです。

あと1杯だけにしよう。

これを飲んだらだめだ。さもないと怖ろしいことになる。

そういう辛さや恐怖を抱きしめて、それも抑止力にして日々を過ごしていこうと思っています。

8 「お母さんが遺《のこ》したもの」

ぼくの一日は、お母さんの顔を見ることからはじまります。

朝起きて布団から出ることができたら、まず棚に飾ってあるお母さんの遺影にお線香をあげます。それから小さなガラスのコップに水をあげて手を合わせます。

その日、何をするにしてもまずそこからです。

小さな遺影の横には「みてる」と記された書があって、部屋のどこにいても視界に入るようになっています。ソファでテレビを見ていてもテーブルの前に座っていても、お母さんがぼくの方を見ているというわけです。

うつ病によって悪夢を見て、頭がぐるぐるとまわってしまうようなとき、ぼくはお母さんと視線を合わせます。写真の中のお母さんは、いつも微笑みながらぼくを見ています。

外出して家に帰ってくるときは、必ずと言っていいほどコンビニエンスストアに寄って、次の日のお供えにする和菓子を買います。

お母さん、和菓子が好きやったから。

なんかおかしな表現ですが、お母さんが亡くなってからはいつも一緒にいるというか、お母さんのことをより近くに感じられるようになった気がするんです。

ドラフトで先に泣いたお母さん

お母さんはいつも何でもお見通しだったような気がします。

ぼくは小さいころから体が大きくて、落ち着きがなくて、エネルギーが有り余っていましたから悪戯《いたずら》ばっかりやっていたんです。授業中にじっとしていられず、トイレにいくふりをして学校内を探検に出かけたり、校庭でブランコに激突して額を割ったり、血まみれになったまま、当時流行《はや》っていたプロレスラーの真似をして「ブッチャーだぞお！」とみんなを追いかけまわしたりしていたんです。

それで家に帰ると、なぜかお母さんがそういうことを全部知っているんです。「あんた、なにしたんや！」と怒られる。ぼくはそれがずっと謎で「なんでバレてんのかな？　お母さんには何でもわかってしまうんやな。そういう力があるんやな」と信じていました。

そのタネ明かしとしては、ぼくの家が小学校のすぐ近くだったので「○年○組の清原くん、すぐ職員室にきなさい！」という校内放送がお母さんにも聞こえていたということなんです。

でも本当にタネも仕掛けもなく、お母さんはぼくの人生をお見通しだったと今は思うんです。

中学3年の夏でシニアリーグを引退してからPL学園に行くまでの数カ月間、お母さんは久米田池《くめだいけ》という大きなため池でのランニングに付き合ってくれました。後ろから自転車でついてきて、ひたすらぼくを走らせてくれました。

「練習したら美味しいもの食べさせたるから。晩御飯いっぱい作ったるから」

そうやって尻を叩いてぼくを走らせるわけです。

ぼくが野球で生きていくんだということをだれより早く直感的にわかっていたのかもしれません。何よりも野球を優先させてくれました。

そしてランニングが終わったらほんとうにたくさんの料理を作ってくれました。PL学園に入って1年生からすぐに打てたのは、あのとき毎晩、久米田池のまわりを走って下半身を鍛《きた》えていたからかもしれません。

PL学園に入寮する日、家の玄関を出ていくぼくにお母さんは10円玉がたくさん入った布の袋を渡してくれたんです。

「帰ってきたくなったら、すぐ電話しておいで」

実際に入寮したら年に数回しか両親には会えなかったので、その10円玉がすごく心の支えになりました。寮生活になったらきっと、ぼくが寂しくて寂しくてたまらなくなるということもわかっていたんです。

ドラフトでぼくが傷ついたときには、ぼくよりも先に泣いて、ぼくよりも怒って、そしてぼくより早く立ち直りました。

和博、これは恋愛と一緒やで。あんたの片想いだったんや。フラれたんだよ。男がいつまでもくよくよしてたらあかん。見返してやりなさいって。

西武からフリーエージェントで移籍するときだって、巨人よりも良い条件を出してくれた阪神に心が傾いていたぼくに向かって「あんたの夢はどこにいったん？　あんたの夢はそんなもんやったん？」と言ってくれました。

２００８年の夏、引退を報告しにいったときもそうでした。

あのときぼくは車で岸和田に帰り、お父さんとお母さんを迎えにいって、おじいちゃんとおばあちゃんのお墓にいっしょに向かいました。お墓の階段をのぼるとき、ぼくはあえてお母さんをおんぶしたんです。

とても面と向かって「やめる」とは言えそうになかったからです。おんぶしたままなるべくさりげない言いかたで「俺、もうやめるわ」と告げました。

当時、お母さんは体の具合が良くなかったので、ショックを与えてはいけないとも考えていました。

そうしたら、お母さんはびっくりするくらい大きな声で「もう、やめえ！」と。まるで決断したぼくの尻を叩くように叫んだんです。

明るくて強くて、ぼくが歩んでいく道の先をいつも見通していたような人でした。

＊＊＊

清原の実家は岸和田の中でも八木地区と呼ばれるところにある。大阪と和歌山を結ぶ国道26号線を隔てて山側である。

その界隈《かいわい》で清原の母・弘子を知らぬ者はいなかったという。

「よくカズヒロの家に行ったんよ。遊びに誘おう思うてね。でも、電気屋の隣のガソリンスタンド、その脇でいつもあのお母ちゃんとバッティング練習みたいなのしてたなあ。即席のネットみたいなの張ってよお。それで俺等が行くと、あのお母ちゃんから『あんたら！　カズヒロは野球で忙しいんや。遊びには行かんで！』ってよう怒鳴られたわ」

今もゴンタクレの面影を残す中学時代の悪友はこう振り返る。

清原和博をホームランバッターとして世に出した人。甲子園のヒーローとして野球界のスターとしての喜怒哀楽をすべて共に生きた人。

母・弘子は、界隈ではそんな人として語られている。

＊＊＊

でもぼくは知っていました。

うちは決して裕福な家庭ではなかったので、お父さんもお母さんもかなり苦労していたんです。

小学生のとき、夜中に冷蔵庫を開けたら牛乳と酒粕しか入っていなかったことがありました。ぼくは酒粕を手でこすって舐《な》めて、牛乳を飲んでお腹を満たしたんですが、子供ながらに思うところがありました。

当時、リトルリーグの月謝が３０００円くらいだったと思いますが、それを払うためにお母さんは看護婦の仕事の他に洋裁の内職をはじめたんです。もともと洋裁は得意だったたんですけど、ただでさえ忙しいのに、ますます寝る時間がなくなっていきました。

だからぼくはお母さんに心配をかけないように、なるべく弱音を吐かないと決めたんです。リトルリーグの練習中に意識を失ってぶっ倒れたときも、病院には連れて行かれたんですが、そこから家に帰ると心配かけると思ったので、病院からまたグラウンドに戻りました。

朝、ランニングに行くとお腹がすくんですが、冷蔵庫に何もないときには、寄り道をして帰っていました。

今では本当に申し訳ないことをしたと思いますが、岸和田のあの辺りの家には玄関先に牛乳箱が置いてあるところが多いんで、そこから何本か牛乳を拝借していました。そのあとは開店前のスーパーに行くんです。裏口に納入されたばかりのパンの箱が積んであるんで、そこからまた2つか3つ拝借していました。

姉とぼくと弟。3人の子供を抱えて、お母さんもお父さんもこれ以上ないっていうくらいに働いているのはわかっていましたから。自分のことで心配をかけたくありませんでした。両親には何を聞かれても「大丈夫」と返していたように思います。

プロに入ってデッドボールを当てられると、その度にお母さんがものすごく心配そうにしていましたが、ぼくは「大丈夫」としか言ったことがありません。

何を聞かれても「大丈夫」「大丈夫」と繰り返してきました。

「あんたをもう一度、お腹に戻したいよ」

でもひとつだけ人生で最も大きな心配をかけてしまいました。

覚せい剤です。

「オーバードーズ」で倒れて病院に運ばれたとき、岸和田からお父さんとお母さんも駆けつけてくれたそうです。お母さんが「なんとかこの子を助けてやってください！」と医師の足にすがりついたというのはあとから聞きました。

お母さんはぼくの意識が回復するまで、病院に泊まり込んでくれました。

つまり逮捕される前から薬物依存になっていることを知っていたんです。

それでもぼくに面と向かって「薬物をやっているのか」とは聞かずに、ただひと言、こうつぶやいたんです。

「あんたをもう一度、お腹に戻したいよ」

これはものすごく重たい言葉でした。

お母さんは看護婦の仕事をしていたので、覚せい剤がどれくらい怖ろしいものなのか、よくわかっていたと思うんです。薬物に手を出したぼくがこの先どうなってしまうのかも、わかっていたような気がします。

だからこその言葉だったんじゃないかな……。

お母さんが認知症になったのはそのあとでした。

離婚したことも、ぼくが逮捕されたことも、おそらくわかっていなかったと思います。

いずれにしてもお母さんが認知症になったのはぼくの責任です。

これはぼくが背負っていかなければならない、ものすごく重たい十字架です。

「大丈夫だから。見ててや」

そのお母さんが去年の3月5日に亡くなりました。

その前から何度か危篤《きとく》状態になったことがあって、その度にぼくは岸和田に駆けつけていました。

あのときも数日前からやはり容体が悪くなって、5日の朝にお父さんから電話があったんです。お母さんの病室からかけているようでした。

電話口の向こうでお父さんが何度も何度もお母さんの名前を叫んでいて、差し迫った状況だということが伝わってきました。

お母さんが死んでしまうかもしれない……。

ぼくは緊迫《きんぱく》した状況に電話口でおろおろしているしかなくて、やがてお父さんが大きな声で絶叫したんです。そこで電話が切れました。

それがお母さんの最期だったそうです。

じつはぼくはその翌日に、都内で厚生労働省主催のイベントに出席することになっていたんです。薬物依存症の啓発活動のために呼んでもらったもので、今まで世の中と向き合えていなかったぼくにとってはすごくありがたいオファーであり、これからの人生を左右するような大切な仕事でした。

でもお母さんの死に直面して混乱していたぼくはどうしたらいいのかわからず、何かあったときに相談に乗ってもらっていた住職さんに電話をしたんです。

そうしたら住職さんは「お母さんに会いに行って泣くだけ泣いたら、また東京に戻ってくればいいんです。きちんと悲しんでください」と背中を押してくれました。

岸和田に飛んで帰りました。

飛行機に乗って、病院に着くまでに、変わり果てたお母さんを見るのが怖いなという不安が浮かんできました。

ぼくが着いたときにはお母さんはもう冷たくなっていました。

抱きしめて手を握って「ごめん……ごめん……」と泣くことしかできませんでした。

最期は眠るように穏やかだったと、お父さんに聞きましたが、ぼくのせいで認知症になってしまった。あんなに心配をかけないようにと思ってきたのに、最後の最後までとんでもない心配をかけてしまった。

そう思うと涙が止まりませんでした。

でもだからこそ、あのとき覚悟のようなものが心に生まれたのかもしれません。人生の中でもっとも悲しいことに直面した瞬間、無意識に自分を支えなければいけないと感じたのかもしれません。

ぼくはもう一度、お母さんに誓ったんです。

「大丈夫だから。見ててや」

翌日、ぼくは飛行機で東京に戻って厚生労働省のイベントに出席しました。あんなに大勢の人の前に出て、たくさんのカメラのフラッシュを浴びたのは、逮捕されてからはじめてのことでした。

怖くて怖くてしかたなかったですが、ぼくはその舞台に立って、薬物依存について語ることができました。ほんとうに大きな一歩を踏み出せたんです。

そしてまたすぐに岸和田に戻って、お母さんに最後の別れを告げました。

火葬場でお母さんが骨になって戻ってきたとき、もうこれ以上は涙が出ないんじゃないかっていうくらいに泣きました。

お母さんが遺してくれたもの

今、お母さんの遺影を見ていると今度こそぼくは「大丈夫だよ」と証明しなければならないという気持ちになります。もうお母さんに心配をかけてはいけないと。

つくづく思うのは、お母さんはやはりぼくが歩いてゆく道のはるか先を見通していたんだなということです。

なぜなら、お母さんが亡くなったすぐあとの2019年3月14日、ぼくは息子たちと再会することができたんです。うつ状態から脱却するきっかけのようなものを見つけてはまた沈んで、を繰り返してきたぼくにとって、何よりも大きな出来事でした。

ああ、これはお母さんがぼくに遺してくれたものなんだと直感しました。

ぼくにとって何がいちばん大事なものなのか。この先を生きていくうえで何が必要なのか。やっぱりお母さんはお見通しだったんです。

今年の3月5日、お母さんの一周忌に納骨をしてきました。

岸和田のお墓に着いてお父さんと骨壺を納めようとしているとき、晴れていた空からとつぜん狐の嫁入りのような雨が落ちてきました。

『あ、お母さんが油断しないようにと言っているんだな』

今のぼくはそうやって常にお母さんを身近に感じているんです。

9 「再会の日」

あの日、ぼくは約束の場所へ向かっていました。

車の中から昼下がりの曇り空を見上げて、ただただ震えていました。

かけるべき言葉があるはずだ。かけなければならない言葉があるはずだ。

そうわかってはいるんですが、いくら探しても言葉は見つからず、ただただ怖くて怖くてしかたありませんでした。

一体どんな顔をすればいいのだろうか。一体どんな顔をされるのだろうか。

そんなことが頭の中をずっとグルグルグルグルとめぐっていました。

２０１９年3月14日。

ぼくはふたりの息子と再会したんです。

足立区の室内練習場のような場所でした。

先に着いたぼくが待っていると、やがてふたりがやってきました。高校2年生と中学2年生、すっかり大きくなった息子たちがそこにいました。

何年ぶりに顔を見たのか……。最後に会ったのは逮捕されるまえのことですから、5年ぶりぐらいでしょうか。離婚してからは会えなくなって、もう二度と会えないのだろうと思っていました。成長ぶりを知る手段はただひとつ、弁護士さんを通じてもらう何枚かの写真しかありませんでした。

ただ実際に会ってみると、ぼくの想像をはるかに超えていました。ふたりとも、しっかりした男の顔になっていました。

もう何も言えませんでした。

息子たちの顔を見るなり涙があふれてきて、ぼくはその場に突っ立って「ごめんな……」「ごめんな……」とただ泣いていました。

どうしていいのかわからない父親を見て、長男が言ってくれました。

「大丈夫だよ——」

そう言って笑ってくれたんです。

涙が止まりませんでした。ぼくはふたりを抱きしめてまた泣きました。

息子にしてあげたかったこと

子供たちに慰《なぐさ》められて背中を押してもらう。いつもそうでした。

ぼくがまだ現役だったころ、長男は遊んでもらいたい盛りだったはずなのに、いつもぼくの怪我の心配をしてくれていました。幼稚園で七夕の短冊に願いごとを書いたとき、「パパの怪我が早くよくなりますように」と、自分のことよりもぼくのことを願ってくれました。

引退試合のとき、最後にホームランを見せてあげられなかったことが申し訳なくてぼくは息子たちの前で泣いていました。そうしたらまだ6歳だった長男がぼくを抱きしめて、慰めるようにポンポンと背中を叩いてくれました。

そんな息子にもっとやってあげられることがあったんじゃないかと今では思い

ます。

あれはいつだったか。

薬物に溺《おぼ》れていた時期、ぼくが家に帰るとテーブルの上に長男が書いた日記のようなものがさりげなく置いてあったんです。

『夏休みにはお父さんにいっぱい野球を教えてもらいたいと思います』

おそらく学校で提出したもののようでしたが、元妻の亜希がぼくにわかるように置いておいてくれたのだと思うんです。

でもあのころのぼくは、大切な息子の願いよりも薬物を優先してしまいました。息子をかえりみることなく闇の世界にはまり込んでいたんです。

もちろん、すごく大切に思っていました。息子の願いなら何でも叶えてあげたいと思っていました。でも薬物はそういう気持ちに関係なく、優先順位を狂わせていくんです。

別居。離婚。そして逮捕。

思春期ですから、ずいぶん悩んだと思います。父親を恨《うら》んだと思います。そんなぼくに向かって「大丈夫だよ」と笑ってくれた。もうそれだけで胸がいっぱいでした。

再会の場を設けてくれた元妻

息子たちとの再会はぼくにとって、神様がくれた奇跡のようなものでした。２０１９年の2月ごろ、ぼくの弁護士さんが亜希に連絡をしてくれました。ぼくが今、どういう生活をしていて、どんな努力をしていて、家族にどういう気持ちを持っているのか。それを伝えるためでした。亜希は断わることもできたはずなんですが、弁護士さんと会って話を聞いてくれたそうです。

離婚したばかりのころは、弁護士さん同士が会うだけでした。そこから息子の写真を数枚もらえるようになって、時間をかけて自分の回復ぶりを知らせていきました。そしてようやく弁護士さんと亜希が会う段階までこぎつけたんです。

そのころ次男が野球について悩んでいて、「だれかに相談したい」と漏《も》らしていたそうです。それを聞いた長男が「それならアパッチしかいないだろう」と言ってくれたらしいんです。

ぼくの様子を弁護士さんから聞いていた亜希は、そうした息子たちのやりとりを見ていて、再会の場を設けることを決心してくれたんです。

ほんとうに突然のことでした。

弁護士さんからそれを聞いたときは、信じられないような気持ちでした。もう一生、息子たちには会えないと思っていましたから。あれだけのことをしてしまって、ぼくが死んだらせめて葬式にはきてくれるかな……とか、そういうことばかり考えていましたから。

不思議なのは息子たちに会えることが決まって、まもなくお母さんが亡くなったことです。何か使命を果たして力尽きたみたいに……。

ああ、これはお母さんの置き土産《みやげ》かなって……、これは偶然ではないなと感じました。お母さんはいつもぼくが生きていく道のずっと先を見通していましたから。

「亜希がぼくの悪口を言わなかったから……」

再会の日、ぼくたちは久しぶりに3人でキャッチボールをしました。

ぼくは目に涙がにじんでほとんどボールが見えませんでした。グラブに伝わってくる感触は痛いくらいで、息子たちがいつのまにこんな強いボールを投げるようになったのかと思うとまた泣けてきました。逆にぼくは肩がボロボロで、ほとんどまともなボールを投げられませんでした。

逮捕されてから4年のうち、最初の2年間はほとんど寝たきりの生活でした。野球の動きというのはまったくと言っていいほどやっていなかったですし、薬物の後遺症で目もぼやけていましたから、そういう自分が恨めしかったです。息子たちの成長と自分の衰えでうれしいやら悲しいやら……、そんな気持ちでした。

そのときに思い出したのは、ぼくがPL学園にいく前にお父さんと最後にキャッチボールをしたときのことです。ぼくが本気で投げるとお父さんが「もうお前のボールは捕れないよ」と言った場面を、なぜかすごくよく覚えているんです。

息子たちとキャッチボールをしていて、そういう順番がぼくにもやってきたのかなと思ったり、いやまだまだ父親として見せてやれるものがないといけないとも思ったり、複雑な気持ちでした。

そのあと3人でバッティング練習をしました。

中学生の次男は都内でも有名な強豪チームに入っています。親のぼくが言うのもなんですが、小さいころからバッティングに関してはすごいものを持っていました。ただ中学に入ってからはかなり悩んでいたようで、その日、ぼくがスイングを見るという約束だったんです。

最後に次男の打っている姿を見たのは2016年の、逮捕される少し前のことで、まだ小学校5年生くらいのときでした。

あれ以来、久しぶりにバッティングを見て、ひと目で、ああ苦労しているんだなとわかりました。今まで一番自信があったバッティングに関して迷ってしまっているようでした。

変化球をどう打つとか、そういうことよりも、これはまず自信を取り戻さなくてはならないと感じました。

そこで最初にぼくが次男に言ったのは「三振を怖れずにとにかくバットを思い切り振ろう」ということでした。

とにかく遠くに飛ばすこと、速い球に対してしっかりとバットを振れるようになること、そうするためにはどうすればいいのか考えてごらんと、そういうことをまず伝えたんです。

自分にとっても久しぶりに原点を思い出したような気持ちでした。

自分は小さいころから「もっと遠くへ飛ばしたい」とそればかり考えてきて、それを今、悩んでいる息子に伝えている。ぼくと子供たちを繋いでくれた野球の力を感じずにはいられませんでした。

長男はその間も明るく振るまって場の雰囲気を和《なご》ませてくれていました。

「俺も打ちたい」とバットを振って笑っていました。

今はアメリカンフットボールをやっていて、優秀選手として表彰もされたそうです。もう自分より背も大きいですし、筋肉もついていてすごい体をしています。聞いたらベンチプレスは１００kg以上を上げるそうです。

ぼくなんかよりよっぽど心も体も大きくなろうとしている長男。ぼくの言うことに耳を傾《かたむ》けて必死にバットを振っている次男。なんだか夢の中にいるようでした。

長男は生まれたとき、ぼくの名前をつけてくれたお寺の住職さんに頼んでいくつか名前の候補を出してもらって、その中から命名したんです。

次男には強そうな名前をつけようと思っていました。

生まれたときはあんなに小さかったふたりが、ここまで大きくなったのかと。

そういう感慨に浸《ひた》っていました。

＊＊＊

再会の日、元妻の亜希は傍《かたわ》らで清原と息子たちの様子をじっと見つめていたという。

なぜ息子たちはまた自分に会ってくれたのか。

清原はそれを「自分でもわからない」と語ったが、心のどこかではわかっている。

その理由は彼女にある。

「亜希がぼくの悪口を言わなかったからだと思うんです。あんなことがあっても……、息子たちをぼくのところへ送り出してくれた。どう感謝していいのか……」

おそらく人間・清原の奔放《ほんぽう》さや傲慢《ごうまん》さ、巨大な優しさと愛情、その矛盾にだれよりも直面し、傷つき、包み込み、その表も裏もだれより知っている人。その人からの許しもまた、清原に光を与えた。

＊＊＊

2016年2月2日。ぼくが逮捕されたあの日の翌日から、テレビのニュースも電車の中吊りもぼくの事件のことばかりだったと思います。とても息子たちは普通の精神状態で学校に行ける状況ではなかったはずです。

でも息子たちはふたりとも電車に乗って休まず学校に行ったらしいんです。

亜希からそれを聞いて、ぼくはまた泣きました。

憎まれてもしかたないのに、拒絶されてもしかたないのに、長男はなぜ笑ってくれたんだろう。次男はなぜぼくに野球を教わろうと思ったんだろう。

ふたりともこんな自分となぜ再会してくれたんだろう。

ほんとうに自分でもわかりません。

ただ、1時間半か2時間くらいだったと思うんですが、あっという間に過ぎたあの日のあの時間は、ぼくを劇的に変えてくれました。微《かす》かな希望と絶望のあいだを行ったり来たりしていたぼくに、はっきりと道を与えてくれました。

それからは息子たちと連絡を取るようになり、亜希がたまに動画を送ってくれるようになりました。暮らしている場所は離れていますが、ぼくはまた息子たちと繋がれるようになったんです。失ったものを取り戻すチャンスをもらったんです。

このあいだ、また亜希がふたりの動画を送ってくれました。河川敷で石ころを打ってどこまで飛ばすかという遊びをしているものでした。ぼくも小さいころ岸和田の河原で材木をバット代わりにして、よくそういう遊びをしていたなあと……。

息子たちの映像を何度も何度も繰り返して見ては、また泣いています。

10 「野球」

自分はなぜ野球なんてやったんだろう。

どうして「清原和博」になんか生まれてきたんだろう。

ぼくはかつてこうやって自分の人生を悔いたことがあります。自分の存在そのものを悔いたことがあります。逮捕され、留置場の中で「114番」という番号で呼ばれていたとき、保釈されたあとカーテンを閉め切った暗い部屋にいたとき、そんな気持ちになりました。

でも今は、野球をやっていなければとっくに人生に挫《くじ》けてしまっていただろうと思います。野球をやってきてよかった。ぼくは清原和博でよかったんだと、そう思えています。

息子たちと再会した3月14日からそう確信できるようになりました。ぼくら親子を繋いでくれたものが野球だったからです。

「三振を怖がらずに思いっきり振ってごらん」

あれから時間をみつけて次男のバッティングを見るようになりました。学校の勉強がありますし、チームの練習もあるので、ぼくと接する時間は限られていますが、練習のない日、夏休み、冬休み、春休み、今年は新型コロナの影響で早い時期から休校になったので、合間を見つけて練習しています。

それというのも、やはり再会した日に次男のバッティングを見たら、かなり悩んでいるとわかったからです。自分が会えなかった4年ぐらいのうちに、だいぶ崩れてしまったな、これは長い目で見ないとだめだなと感じました。

次男はお兄ちゃんを追いかけるように野球をはじめました。小学校のころは軟式のチームに入っていて、もともと持っている力の強さ、体の大きさで打っていました。

チームの人数も少ないですから絶対的なエースで4番でした。

ぼくは小さい頃から単純なことしか言わなかったんです。

「三振を怖がらずに思いっきり振ってごらん」

「速い球に負けずに遠くに飛ばしてごらん」

ほとんどそれしか言いませんでした。

小さいころはそれがいちばん大事だと思うんです。例えば試合でボテボテのサードゴロを2つ打ったとします。ぼくらプロ野球選手もホームランや大きい当たりを狙うとそうなることがあって、次の打席は自分で修正できるんですが、まだ小学生にそんなことはできません。だから、そういうときは「次はもっと強いサードゴロを打てるように振ってごらん」と言ってあげるんです。

そうするとしっかり踏み込んで打つようになって打球がレフトオーバーになる。感性の鋭い子でしたから、そうしたシンプルなひと言で打てるようになっていきました。

でも中学生になってからは全国優勝を狙うような大所帯の硬式チームに入った

ので、まず競争が激しくなり、結果を求められるようになりました。極端に言えばプロのオープン戦くらいのふるい落としがあるので、どうしても結果が気になって三振を怖がるんです。そうなるとバットを振り切れなくなっていくものなんです。

また軟式野球では投手はストレートとスローボールだけしか投げてこなかったのが、リトル・シニアではボールが硬球になってさらに変化球もくるので、かなり環境の変化に戸惑った部分もあるのかなと感じています。

次男の悩みを目の当たりにして無理もないことだと思いました。なにしろ、ぼくの子供のころとは環境がまったく違うんです。

〝清原の手帳〟

ぼくは岸和田という田舎町で走りたければ好きなだけ走りまくれましたし、暇さえあれば実家の電気屋に転がっている木材を見つけて川っぷちで石を打っていました。角材だったのでどこに当てればいいのかバットの面を意識しましたし、どこに力を入れれば石ころがより遠くに飛んでいくのか、それを自然に体が覚えていけるような環境が当たり前にあったんです。

あと水切りというんでしょうか、石を投げると川面にツンツンツンと滑るように飛んでいく遊びがありますが、あれを夢中でやるなかで肩が強くなりましたし、肘《ひじ》はこうやって使えばいいのかということがわかったんです。

ぼくがいたのは岸和田リトル、岸和田シニアという硬式の少年野球チームでした。地元の子ばかりで人数も少なかったので体が人並みはずれて大きく、力もあったぼくは、ほとんど全試合出られるわけです。指導者も技術的なことはあまり言わずにとにかく遠くに飛ばすこと、速い球をしっかりと振れるようになること、そのためにどうすればいいか考えてみなさいと、そういう教え方でした。

グラウンドまで片道40分くらいを自転車で行ったり、ときには走っていったりしていましたから、自然に足腰も鍛えられるわけです。

でも息子たちの場合は東京の真ん中で育って、近くに走りまわれるような公園もありません。練習場に行くのも保護者の車で行くことになります。人口も多いので強豪チームに入れば当然、競争もびっくりするくらい激しいわけです。

そういうなかで、自分がもっとも得意だったバッティングに対して自信を失っていってしまったんだろうと思うんです。

ひょっとしたら次男の中では、小さいころ、ぼくのひと言によってなんとなく打てるようになったという感覚が頭に残っていて、だからぼくを頼ってくれたのかもしれません。そう考えるとうれしくて、今、ぼくは暇さえあれば、インターネットでバッティングについての動画を探しています。鈴木誠也選手や柳田（悠《ゆう》岐《き》）選手の動画を何度も見て、あとはこのあいだ、王さんの動画も見つけることができました。

息子に教える時間はそう頻繁にあるわけではないので動画を見て気がついたことは手帳にメモしています。その手帳はいつも持ち歩いています。次に会うときにはこういう練習法をためしてみようとか、やってみて気づいたことなどをメモしていくと、あっという間にページが埋まってしまいます。

ぼくが手帳をつけるなんていつ以来でしょうか。もしかしたらプロ1年目以来のことかもしれません。

1986年、プロ1年目で壁にぶつかったとき、それを打ち破るために手帳をつけたんです。

入団当時、ぼくは高卒ルーキーながら、甲子園でホームランをだれよりも打ったという自信がありました。ただいざオープン戦で打席に立ってみると、まったく打てませんでした。プロの球は思った以上に強く、重く、ちゃんと狙いをつけないと打てませんでした。

あまり出番もないまま先輩たちが出ている試合をベンチで見て寮に帰るという日々だったんですが、ある日、ゲームを終えて球場の駐車場に行くと、他の選手たちの家族がいました。そのとき、先輩選手や家族の人たちの表情を見ていて「これは生活をかけた仕事なんだ」と思い知らされたんです。高校生とは背負っているものが違うんだということがわかったんです。

そこからプロ意識のようなものが芽生えて、まず手帳をつけるようになったんです。

入ったばかりのぼくは、とにかくきた球を打つしかなくて、配球のことなんて何も考えていませんでした。ただ、それではやられっ放しだったので、ゲームが終わるたびにその日の打席を振り返って、どういう球がきたかを手帳につけたんです。

それから少しずつ打てるようになって、この世界でやっていけるかもしれないという感覚をつかんでいくことができました。結局、1年目で結果を残せたので2年目からは手帳をつけなくなってしまったんですが……。

そんなぼくが今また野球手帳をつけているんです。

＊＊＊

清原は灰色の革の手帳を持ち歩いている。

どこに行くにもいつもカバンに入れている。

手帳を開くとページはボールペンの走り書きで埋まっている。

『ファールが良い。レフトへの』

『2月26日。坂道スイング、ウォーキングスイング……』

野球と息子、息子と野球……。

どのページを開いてもひたすらそれしか書かれていない。

次男のバッティングを見るたびに増えていくその文字列は、清原が生きていくために必要なものを何よりも明快に示している。

＊＊＊

バッティングがなぜおもしろいかというと、100人いたら100通りのバッティングがあるからだと思います。大きい人、小さい人、太い人、細い人、みんな違う。全員にそれぞれの個性に合った打ち方というのがある。だからこそ奥が深いんです。

今、インターネットの動画サイトを見ていると、いろいろな打撃論があります。危険だなと感じるのはこれが正解だと断言してしまっていることです。有名選手の打撃論が流れていたら、子供たちはそれが正解だと思ってしまいますから。

王さんの動画があるとします。最近はとくにアメリカからの情報で、アッパースイングの軌道で打つということがさかんに言われていて、実際に見てみるとたしかにあの王さんも、レベルとかアッパーといわれる軌道でバットを出しています。ただ、おそらくご本人は、そんなことは考えていなかったと思うんです。たとえば王さんは、打席に入る前に上から下へと大根切りのような素振りをします。

きっと、ああいう「上から下へ」という感覚で打ってはじめて、試合の打席ではレベルやアッパーの軌道でバットが出てきたのだと思います。だから実際の一流打者が頭で持っている感覚と見ている側の印象はまったく違うんです。

それなのに、もし子供たちが最初から「バットというのはアッパースイングで振るほうが飛ぶんだ」と考えて打ったらどんなことになるでしょうか。

野球のバットは先端のヘッドの部分が重たいので、最初からアッパーで振ろうと思うとヘッドが落っこちてしまって、とてもじゃないけどまともにボールには当たらないでしょう。

やはり「これが正解だ」という考え方は危険なんです。

バッティングには、これをやったら絶対に打てないということだけはいくつかあるんですが、正解はないんです。だから基本だけをきちんと覚えれば、あとはどういう打ち方をしたっていいんです。

最近でもメジャーリーガーの動画を見てみると、構えやスタンスの広さはみんなまったく違います。共通しているのは「これをやってはいけない」ということをやっていないことだけ。あとはみんなが個性に合った打ち方をしているんです。だから、ぼくが次男にバッティングを教えるときにいちばん気をつけているのは、本人が納得しているかどうか、です。

ぼくがもっとこうしたほうがいいなと感じても、まずは「俺はこう思うんだけど」と伝えて意見を聞くんです。そうすると息子はそれをやってみた感想を正直に言います。「なんか感じが悪い」と言うこともあります。そこが重要なんです。教えてくれる人の言うことを適当に受け入れて、いい感じだと思いますなんて返答をしていたのでは、バッティングはいつまで経っても自分のものにはなりません。

ぼくの中でも、あえて息子が「感じが悪い」と言ってくるのを想定して試していることもあるんです。ああ、その部分を窮屈《きゅうくつ》に感じられるのであれば次のレベルに進めるなと。そういう意味でも感性というのはバッティングにおいてもっとも大切なことかもしれません。

ただ、ぼくらは親子なので、次男もどうしてもぼくの言うことに対しては、本当なのか？　とすんなり受け入れられない部分もあると思うんです。だから、同じことを伝えるのでも他の人から伝えてもらったほうが良い場合もあります。

あれは去年の冬、神宮球場を使わせてもらった「ワールドトライアウト」というイベントのときでした。開始前にある人がぼくのところへ来てくれたんです。内田順三さん。ぼくがジャイアンツにいた時、打撃コーチをされていて、どん底から復活するきっかけをくれた人です。

内田さんは元プロ野球選手で、現役を引退してから36年ものあいだずっとプロのコーチとしてやってこられて、金本《かねもと》（知憲《ともあき》）や阿部（慎之助）、最近では鈴木誠也といった強打者にかかわってこられました。

当日、内田さんは大切な表彰を受けることになっていたらしいんですが、それよりもぼくのところにくるのを優先してくれました。

わずか15分か20分くらいだったと思うんですが、息子にアドバイスをするうえでの悩みとか、内田さんがどうやって一流選手を育ててきたのかを聞かせていただきました。

そうしたら後日、内田さんが次男を教えにきてくれたんです。

チーム練習が休みだったので、「あくまでチームの方針を最優先にしたうえで」ということで、ワンポイント・アドバイスをしてくださったんです。錚々《そうそう》たるバッターを見てきている人なので、阿部だったり、鈴木誠也だったり、坂本（勇人《はやと》）といった一流選手の例えを出してくれて「坂本はここを意識してからホームランが増えていった」とか、おもしろ可笑《おか》しく教えてくれました。教え方の引き出しもたくさん持っておられる人で、ぼくも見ていてすごく勉強になりました。ああ、自分が考えていたことは間違っていなかったんだと確信を持てた部分もありました。

息子はどんどんスポンジが水を吸収するようにアドバイスをバッティングに生かしていきました。ぼくは今でも悩んだときには内田さんに電話させてもらっています。このポイントを修正するためにはどういう練習をしたらいいのか。その度に丁寧に教えていただいて、ほんとうに感謝しています。

またピッチャー目線で考えることについては、ダルビッシュくんにも力を貸してもらいました。次男は結果を気にするあまりバットを振り切ることを怖れていたのですが、ダルビッシュくんが「ピッチャーとしては、たとえ三振しても思い切り振ってくるバッターのほうがよっぽど嫌なんだ」と語っているのを息子に伝えたんです。メジャーの一流ピッチャーでもそう思っていることを知ってもらいたかったんです。

プロ野球選手もそうですが、やはりどうしても結果が欲しくなるとスイングが小さくなるんです。とくにバッターには三振したら恥ずかしいという意識が心のどこかにあるんです。だから当てにいってしまう。

でも、じつはそうすることでピッチャーには安パイだと思われるんです。たとえ三振してもフルスイングすれば、ピッチャーの深層心理に「次の打席が怖いな」と植えつけることができるんです。試合の中ではその些細《ささい》な心理ゲームの積み重ねが勝敗を分けていくんです。

ぼくはずっとボテボテのショートゴロを打つくらいならフルスイングして三振したほうがマシだと思っていました。ボテボテを打って一塁に走るほうが無様だと。ぼくの三振の数（1955）は2020年シーズンが始まる前の時点でプロ野球史上最多です。

バッターというのは3割打ったら大成功です。逆に言えば10回のなかで成功は3回だけで、あとはほとんどが失敗なんです。その失敗をどうとらえて次の打席に向かっていくか。ひとつの空振り、ひとつの三振を受け止められるだけのものをしっかりと自分の中に持っておくことが大切なんです。高校でも社会人でもプロでも、どのレベルにいっても根本的なところは変わらないんです。枝葉《しよう》はあとからどうにでもなる。だから次男には、そうしたバッターとしての太い根っこや幹をつくってほしいと願っているんです。

＊＊＊

清原は次男にバッティングを教えるうちにバッター清原和博とも向き合ってきた。人に教えるということは、あのときの自分はバッターとしてどうだったかを見つめ直す作業でもあるからだ。

不思議なのは清原が「自分のようになってほしくない」と考えていることだ。

過去の大打者のほとんどが愛息に自分の往時を重ねたのに対して、今の清原は驚くほど客観的にバッターとしての自分を見ている。

＊＊＊

考えてみると、バッティングというのは人生に似ています。

3割で大成功なんだと、そうやって自分が持っている長所に目を向けていられるうちはいいんですが、失敗や失ったものばかりに目を向けるようになると落とし穴にはまるんです。自分の短所を消そうとして完ぺきを求めていくと、そのうちに大切なものを見失ってしまう……。そこが驚くほど人生に似ているんです。

「俺はこうやって失敗した」

息子とともにあらためてバッティングに向き合って、気がついたことがあります。

ぼくは結局、自分の短所ばかりを見てしまったんだなということです。

リトルリーグに入ったころからずっと「センターに打て」と、それればかり教えられてきました。そうするにはどうしたらいいのか、それればかり考えていました。あとから考えてみるとセンターへ打つ意識を持つと、バッターがやってはいけないことがほとんどすべて解消されるんです。体が前に突っ込まずに踏み込んでいける、左肩が開かず、右肩が早く前に出てしまうこともない……。良いことばかりなんです。

少し振りはじめるタイミングが早ければポイントが前になってレフトへ飛んでいきます。タイミングが合えば一番力の入るポイントでボールにコンタクトできて打球はバックスクリーンへ飛んでいきます。少し遅れれば右中間からライトへ飛んでいくだけです。

考えているのはひとつ「センター返し」ということだけなんです。

ぼくは小さいころからそれしか考えなかったので、基本を自然に身につけられました。変なクセをつけずにPL学園に入っていけたような気がします。だからこそ1年生からレギュラーになれましたし、甲子園でもあれだけ打てたのかなと思うんです。

ぼくはよく、センターから右方向へ打つ打球が一番いい打球だったとまわりの人に言われます。自分でもそう思っています。

ただプロ1年目で31本のホームランを打ったあとからは、次第にそれを失ってしまいました。「清原はインコースが打てない」。そういう声に惑わされてムキになって、すべてのボールを打とうとしてしまったんです。バッティングというのは欠点を修正しようとすると、いちばんの長所が消えてしまうんです。ぼくの場合はインコースを意識するあまり、今まで打てていたコースも打てなくなっていきました。

自分がすでに持っているものに目を向けることができなかったんです。打てる球を打つのがバッティングなのに、すべての球を打とうとしたんです。

今、現役時代の自分のバッティングを見てみると、ひどい打ち方をしているなと嫌になります。振り返ってみると、ああしておけばよかったな、こうしておけばよかったなと思うことばかりです。息子には自分がしたのと同じ失敗をしてほしくないので「俺はこうやって失敗した。お前は同じことはするなよ」と伝えています。

息子の試合動画を何度も見直す

ぼくらが練習をしているのは、東京郊外の室内練習場です。

ただ、ぼくは息子の試合を見に行くことはできません。だから実際に試合でどういう打球を打っているのかがわからないんです。

プロ野球選手は打球の飛び方を見れば、そのバッターがどういう打ち方をしているのかがある程度はわかるんです。だからより広いところでどんな打球が飛んでいるのかを見てみたい気持ちはすごくあります。よく次男にも「お前がどんな打球を打っているのか見たいよ」と言います。でもそこはまわりへの影響もあるので、今のぼくが行かないほうがいいなという結論になりました。

残念ですけど、しょうがないんです。

その代わり亜希がたまに息子の試合やバッティング練習を撮影した動画を送ってくれます。ぼくはそれを家で何回も何回も見直して、次の練習のときに「あのときは変化球が気になってストレートに振り遅れたんじゃないか?」とか答え合わせのようなことをしています。

そんな中で打ってくれたのが、今年の2月2日のランニング・ホームランでした。

あのときは本当に自分が野球をしてきてよかったなあと思いました。自分が命がけでやってきた野球が息子たちとの繋がりになっているわけですから。

清原和博なんて超えていってほしい

ぼく自身、自分が逮捕されたことで息子たちのすごく大事な時期にいっしょにいられなかったという負い目があります。野球においても伸び盛りだった時期に見てやれませんでした。人生の中でそういう時間というのは何年あるだろうかと考えたときに、もう残された時間は少ないんです。次男が高校に行ってしまったら勉強も部活もますます忙しくなるだろうし、そういう時間もなかなか取れないんじゃないかなと……。

だからあと約1年くらいですか。その中で自分にできることは何かと考えています。今は中学3年生で全国大会にいったとき、おそらく140㎞を投げるピッチャーがいるから、それを打ち返せるようになろうと息子には言っています。松坂（大輔）みたいなやつが出てきたときに、直球勝負しても負けないためにはどうすればいいか、自分なりに計画を立てています。

たまにバッティング練習をしている合間、ぼくも打ってみたりするんですが、ぼくのバッティングはまるで何百年も海の底に沈んでいた錨《いかり》みたいに錆びついています。

それでもぼくが強がって「まだまだ俺には勝たれへんやろ」と息子に言うと、あいつは「いや、もう俺の方が勝っている」って。

その言葉がすごくうれしいんです。

息子にはぼくとはまったく違うバッターになって、清原和博なんて超えていってほしいんです。もしかしたらその願いは彼にとって重圧になってしまうかもしれませんが、まだ中学生ですし、可能性は無限にあると思っています。

11 「お父さんと不動明王」

あれは息子たちと再会して半年くらいが過ぎたころだったでしょうか。

何年ぶりかで、家族みんなでいっしょに食事をすることができました。

その中で長男と久しぶりに腕相撲をやろうということになったんです。

『あんまりかんたんに勝ってしまったら可哀想だな』

ぼくはそう思っていました。だから少しだけ持ち堪《こた》えて花を持たせてからバチンッと腕をテーブルに叩きつけてやろうと、そういうつもりでいました。

息子たちがまだ小さかったころ、よく格闘ごっこをしました。ぼくは格闘技が好きでした。当時はK－1が流行っていたので「打ってこい！」と息子たちのパンチやキックを受け止めながら、喧嘩のやり方も教えたんです。

こうやられたらこうすればいいんだよと。どうだアパッチは強いだろうと。

だからいくら長男が高校生になったからといって、ぼくには勝てるはずがないんです。腕相撲には技術も必要で、肘を有利なポジションに置くことが大事なんです。ぼくは完全なポジションを知っていたんで「ああ、これは勝てる」と確信していました。

ところがバチンッと手をテーブルに叩きつけられたのはぼくの方でした。完敗でした。長男はアメリカンフットボールで体を鍛えているので強くなっているだろうとは思っていましたが、まさかここまでとは……。

ぼくはかなりショックでした。でもそれ以上にショックを受けていたのは長男のほうでした。ぼくが負けたことに対してすごく怒っていて、しっかりしろよ！という感じでぼくの手を何度もテーブルにバンバンと叩きつけたんです。

きっと悲しかったんだと思うんです。いつまでも力があって強い父親でいてほしかったんだと思うんです。ぼくには長男の複雑な心境がよくわかりました。

そしてそのとき、自分のお父さんのことを思い出しました。

ぼくが腕相撲で初めてお父さんに勝ったのはPL学園に入ってからまもなくのころでした。たしか正月休みで実家に帰省したときだったような気がします。岸和田で電気工事の仕事をしていたお父さんはがっちりしていて腕っ節が強かったんです。よく腕相撲をやりましたが、ただの一度もぼくが勝ったことはありませんでした。

でもPL学園で鍛えられたぼくはあの日、ついにお父さんに勝った。

勝ってしまったんです。

おそらく長男はあの日のぼくと同じ気持ちだったんです。

「あと、もう一回だけ頑張れ」

お父さんは無口な人でした。

記憶にあるのは朝から晩まで顔を真っ黒にして働いていたことです。ほとんど家にいませんでした。それでいて、ぼくがやりたいことにダメだとは言いませんでした。

小学3年生で岸和田リトルに入ったときも「やるからにはやり遂げえよ」とひと言だけでした。それからスポーツ用品店に連れていってくれて硬式用の青いグラブを買ってくれたんです。ズラッと並んでいる中でも上等なやつを……。ぼくにとって人生で初めてのグラブでした。

幼いながらに我が家が決して裕福ではないことを知っていたので、こんなに高いやつを買ってもらっていいのかな……という気持ちでした。

当時の岸和田リトルは練習が火曜から日曜までありました。とくに平日は夜遅くまでやることが多かったので、お父さんは仕事が終わったらグラウンドに車で乗りつけてナイター照明がわりにライトをつけてくれました。そうした保護者の車がズラッと並んでいる中でぼくたちはノックを受けていたんです。

今でこそ体罰はだめですけど、当時の岸和田リトルの監督さんは非常に激しい人でたくさん殴《なぐ》られました。父兄が見ている前でも容赦《ようしゃ》はなかったです。ケツバットを食らうと木のバットが折れるくらいの衝撃です。だからぼくはお母さんに頼んでユニホームの尻のところに雑巾《ぞうきん》を縫《ぬ》いつけてもらっていました。それでも尻が痛くて自転車のサドルに座れないので家に帰るときはずっと立ち漕《こ》ぎでした。

あとから聞いたところ、お父さんもさすがに「もうやめたれって何回も言いそうになった」と振り返っていましたが、ぼくが望んだ野球だったから黙って見守ってくれていたんだと思います。技術的にもこうしろとかああしろとか一切言わずにただ見守ってくれていました。

PL学園に入寮する日、お父さんの運転する車で富田林《とんだばやし》へ向かいました。寮に入ってしまえば、もう年に数回しか会えなくなります。ぼくは窓から外を見て岸和田の町がどんどん遠くなっていくのを眺《なが》めていました。

その車中もお父さんはずっと無言でした。

そんなお父さんがよく言っていたのが「頑張れ」ということ、それと「いつまでも親と金があると思うなよ」ということでした。

ぼくはお父さんに「頑張れ」と言われるのがすごく嫌で、こんなに頑張っているのに、あと何を頑張れっていうんや、もう言わんといてくれとずっと思っていました。

プロに入ってからは電話で頑張れと言われたことにブチ切れて、会話の途中で叩き切ったこともありました。

でも自分にも息子ができて、父親になってから、お父さんが思っていたことが何となくわかってきたんです。

そして覚せい剤ですべてを失ってから、お父さんの言っていたことの意味や、その大きさやあの無言の意味が身に染みてわかりました。

逮捕されたあと何もない留置場の中で、ぼくはお父さんに手紙を書きました。「お父さん、ごめんなさい、ごめんなさい、ごめんなさい、ごめんなさい……」と便箋《びんせん》に何十回も書いて……。最初に買ってもらった青いグラブのことなんかを思い出して、泣きながら手紙を書いたんです。

お父さんからの返事は弁護士さんが届けてくれました。留置場に届いた手紙に書いてあったのは「あと、もう一回だけ頑張れ」ということでした。それを読んでまた涙が出てきました。

素直に「うん頑張る、うん頑張る……」と心の中で何度もつぶやきました。

お父さんのことをあらためてすごいと思うのは、お母さんが認知症で施設に入ってからもずっと通い続けて、体の具合が悪くなって入院してからも、一日も欠かさず見舞いに行ったことです。その想いの深さというか、粘り強さというか、凄まじいなと……。見ていてとても自分にはできないなと思いました。

ぼくが逮捕された日、岸和田の自宅の前には週刊誌とかすごい数のマスコミが押しかけたらしいのですが、お父さんはその日も、押し寄せるマスコミをかき分けてお母さんのところへ向かったそうです。認知症のお母さんにぼくが逮捕されたというニュースを見せないように「このテレビ壊れてるわ」と言って、ずっとDVDを見せていたそうです。

あとでそれを聞いたとき、ああ、なんて辛い思いをさせてしまったんだと申し訳なさでいっぱいでした。

何よりすごいと思ったのは、お父さんはぼくが現役のときからずっと「清原電気商会」の看板を下ろさなかったことです。息子がどんなに稼いでも、有名になっても、お父さんは町の電気屋であり続けたんです。あれはお父さんのプライドだったと思います。

岸和田というのは良くも悪くも口さがない土地柄なので「どうせ息子に食わしてもらってんのやろ」とは言われたくないという意地だったのではないでしょうか。プロになってからは野球を観にきたこともほとんどないですし、息子が世間から褒《ほ》められても、けなされても、お母さんが倒れるまでずっと看板を下ろしませんでした。

そうした父親のすごさが今はよくわかります。愛していた息子たちを薬物によって一度は失って、また再会するチャンスをもらって、息子に腕相撲で負けるようになってしまった50代の自分を省みるたび、お父さんのことが胸に迫ってくるんです。

ぼくはお父さんのように息子たちに何かしてあげることができただろうか。

これからどんな背中を見せていけるんだろうか。

そんなことばかり考えるんです。

＊＊＊

清原の部屋には父と母と3人で写っている写真が飾ってある。

1985年に西武ライオンズに入団したときに撮ったもの。

2008年、オリックス・バファローズでの引退試合の日にベンチで撮ったもの。

この2つだ。

あとにも先にも両親がプロ野球の現場にきた記憶はこのときだけだったという。

小さいころ、両親が試合を見にくると力んで三振ばかりしていた自分を気づかって、たとえ球場に来たとしても、息子のところには顔を見せなかったのだろう。清原はそう理解している。

保釈されたあと、清原は知人を頼ってこの数少ない「3人で撮った写真」を探し出した。

そして今は御守りのように毎日見える場所に置いている。

＊＊＊

2019年の3月5日にお母さんが亡くなってから、お父さんの背中がだんだんと小さくなっているような気がします。

告別式の日、お母さんが骨になって戻ってきて、親戚のみんなが引き上げたあと、ぼくは泣くだけ泣いて少し居間で休んでいたんです。そうしたら隣の部屋からお父さんの声が聞こえてきました。

お母さんの遺影と遺骨に手を合わせながら、ブツブツと何かを呟《つぶや》いていたんです。

はっきりとは聞こえませんでしたが、般若心経を唱えながらときどき何かを語りかけているような感じでした。いつまでもずっとそうしているお父さんの背中が小刻みに震えていて、ぼくは思わず目をそらしました。

今年の一周忌は、新型コロナの影響で親戚を呼び集めることはできず、命日に納骨だけをやりました。お父さんはすっかり細くなった手で、重たい骨壺を墓に納めました。ぼくは落としてしまうんじゃないかと冷や冷やしながら見ていました。

そのあと実家に戻ってぼくが寝ていると、やはり隣の部屋でお父さんがブツブツと言っているんです。そこには木彫りの不動明王があって、仏壇があって、それらに向かってお経をあげていました。お父さんはこれを「おつとめ」と表現します。お母さんが亡くなってから、朝夕欠かさずにそれを続けているそうです。普段は無口なお父さんがお母さんの遺影にはよく話しかけているのが印象的でした。

お父さんはもう80歳を超えていて、心臓に持病も抱えています。お母さんの一周忌で会ったときに弱気なことを言っていたのが気がかりです。

ぼくが生まれ育った電気屋の看板がある家や、もう少し山手のほうにある実家のような家を整理しながら、自分もそろそろ終活に入っているようなことを言っていたんです。

自分には姉も弟もいますが、やはりもっとも心配をかけたのがぼくだったと思います。15歳で家を出てから両親にはほとんど会えなかったですし、覚せい剤の事件を起こしたことでぼくの息子たちも岸和田の実家には遊びにいけなくなりました。ぼくのせいで可愛い孫に会えなくなってしまった。だからこそお父さんにはこれから、ああ、和博はここまできたんや、頑張ってきたんやな、というところを見せたいんです。

今、薬物依存症の検査に行った日は必ず、お父さんに電話するようにしています。かけようかけようと思っていても父と息子というのは日常の中ではなかなか話さないもので、だから病院に行った帰りは電話すると決めているんです。

「今、検査に行ってきたよ」

「おう、どうや調子は」

「ぼちぼち大丈夫」

「そうか、体に気いつけえよ」

男同士であんまり話すこともないのでそれくらいの会話なんですけど、大切にしている時間です。

お父さんも寂しいのか、最近はなかなか電話を切りません。阪神ファンなので、今のタイガースは4番バッターがどうのこうのとか、タイガースの打線は今年はいったいどうなるんだとか、それこそ野球ファンの人たちが居酒屋や喫茶店でこぼすような愚痴をぼくに聞かせるんです。

正直、この人はぼくがプロ野球選手だったことを忘れているんじゃないかと疑ってしまうくらいです。そう思いながらも、お父さんの話を聞くことにしています。

お父さんはよく「お前がもう一回復活するまでは死んでも死にきれん」と言います。

何をもって復活と言っているのかはわかりませんが、それはぼくが薬物依存症と戦っていくうえで、ひとつの大切なモチベーションになっています。

それともうひとつ、お父さんは「孫が甲子園に出ているところを見たい」という願いも持っています。

息子であるぼくが薬物を断ち切って野球の世界に戻ること、そして孫が甲子園に行くこと、お父さんはそれを毎日、一心不乱にお不動様とお母さんに向かってお祈りしているんです。

ほんとうの意味で父親に

父親と息子というのはほんとうに不思議なもので、失いそうになってはじめて、その大切さや思いに気づくものなんです。

ぼくは今、息子たちと離れて暮らしていますが、将来、彼らがだれにも相談できない壁やトラブルにぶつかったとき、ぼくに相談してくれたらいいなと思います。

ぼくはあまり人が見たことのない世界を見たり、あまり知らないような経験をしているので、困ったときにこそ頼られる存在でいたいんです。

順風満帆《じゅんぷうまんぱん》なときはいいんです。彼らがほんとうにどうしようもなく困ったときに何かを言ってあげられる、何かをしてあげられる男でいたいんです。

ぼくは今やっと、ほんとうの意味で父親になろうとしているのかもしれません。

2019年3月5日に亡くなった母の葬儀で。手にしているのは2000本安打を達成したときのバット。母へプレゼントしたもので、棺に入れた。（本人所蔵）

12「スティグマ」

夜の街で警官を見かけると、少し身を固くしている自分がいます。

また何か言われるんかな。

また職務質問されるんかな。

ふと、そういう思いがよぎります。

逮捕されてからの4年間、何度かそんな経験をしたからです。

最初は甲子園の決勝から戻ってきて少ししてからのことだったと記憶しています。

その日はいつものように病院で薬物の検査をして、知人と食事をするために新宿にいきました。駐車場に車を停めて降りたところで、突然、何人かの警官に囲まれたんです。

「ちょっとお時間いいですか？　職務質問に協力してください」

ぼくは不審な挙動をしていたわけでもないのになぜなんだろうと思いながら、それに応じました。その場で持ち物チェックをするというのでカバンも渡しました。警官はガサゴソとぼくのカバンの中身を探りましたが、何も怪しいものは入っていません。すると今度はこう言うんです。

「おしっこ出してもらっていいですか？」

どこから呼んだのか、パトカーが3台くらいやってきました。もう周囲には人だかりができていて、ちょっとした騒ぎになっていました。

それから新宿署で尿検査をすることになったのですが、ぼくはパトカーに乗せられるのが嫌で嫌でしかたありませんでした。こんなところを写真に撮られたら、また、ぼくが何かやったと思われるんだろうなと……。

覚せい剤を使ったわけでもないのに、疑われるような騒ぎを起こしたわけでもないのに、なぜか身の縮むような思いでした。

警察署での尿検査というのは屈辱的なものです。

まずボディチェックを受けて、靴を脱いで靴の中敷も剝《は》がして調べられます。

それから採尿キットを持ってトイレに行くんですが、そこからはずっと警官と一緒なんです。

まず警官とトイレに入るところを写真に撮られます。

次に便器の前で警官と写真を撮られます。

次は採尿キットの袋を破るところを警官と写真に撮られます。

採尿用のコップを持っているところを警官と撮られます。

おしっこをしているところは警官が目視します。

終わると、おしっこの入ったコップを持っているところを警官と写真に撮られます。

おしっこを検査用のケースに移すところを警官と撮られます。

ケースに蓋《ふた》をしているところを警官と撮られます。

採尿コップを捨てるところを警官と撮られます。

最後にトイレを出たところでも警官と写真を撮られます。

このように一挙手一投足を警官とともに写真に撮られて、放尿しているところまで見られるんです。

それが終わると検査の場面を見せられます。

これは大麻、コカイン、ＭＤＭＡなどアンフェタミン系の物資に反応するものですから、もし尿を垂らしてこの色に変化したら薬物反応とみなしますと、そう説明されて署名、捺印《なついん》をします。

そして実際に尿を垂らして15分ほど待つんです。

色が変わらず陰性とわかると、そこでまた写真を撮られます。書類への記入と署名、捺印が終わってようやく検査終了です。

最後にこう言われます。

「ご協力ありがとうございました。この尿はいりますか？」

薬物依存者という「烙印《らくいん》」

最初に職務質問されてから数カ月して、新宿でタクシーを拾おうとしていたら、警ら中の警官が2人やってきて「ちょっといいですか?」と声をかけられました。

またか……。そう思ったぼくはもう騒ぎにはなりたくなかったので表通りから少し裏に入ったところに移動して、そこで応じました。

「絶対にやってませんよ」

ぼくはそう言ったんですが、聞いてはもらえずにまた署まで行って、あの検査を繰り返しました。

薬物犯罪が多いので、それを取り締まっているのはわかるんですが、ぼくとしてはそういう目に遭《あ》うたびに気持ちが落ち込んでいきました。

ああ結局、そういうことかと思ったんです。

一日一日薬物と戦ってきたけど、世の中の人たちが自分のことを「薬物依存者」だと見ることに変わりはなくて、どれだけ薬物をやめ続けたって「清原は再犯するんじゃないか」という目で見られているんだなという諦《あきら》めのような感情です。たとえ、ぼくはもう長いことクリーンでいられているから薬物依存なんかじゃない、あのころの清原和博に戻れたんだと、そう思える日がきたとしても、なにかほんの一瞬の出来事やひと言によって、あっさりと依存症患者に引き戻されてしまう。そんな絶望感です。

＊＊＊

薬物依存症からの回復において最大の障害と言われているものがある。

「スティグマ＝烙印《らくいん》」である。

古代、罪人や反道徳的な者を区別するために用いられたのが起源とされているが、現代でも依存症に対する負のレッテルとして存在している。「誘惑を断ち切れない弱い人間たち」という、いわば社会的スティグマである。

清原のような知名度がある人間の場合は、自分が属するコミュニティだけでなく、社会全体からそれを受けることになる。

薬物を一度でもやったら抜けられない。薬物を使えば人生が終わる。そうした恐怖に訴えることによって薬物予防を推進してきた日本ではとくにスティグマが消えていないという。依存症が病気の一種であるという認識が低いのだ。どうせまたやるはずだ——。自分たちとは別の人間だ——。依存症という病から抜け出そうとする者を、世の中の烙印がまた元の地獄へと引きずり戻すのである。

＊＊＊

あれは去年の秋だったと思います。

渋谷のあるトレーニングジムで息子のバッティングを見たあとでした。ぼくは自分のトレーニングも終えてから、シャワーを浴びて外に出ました。

知人と待ち合わせをして急いでいたところ、ちょうど道玄坂下の交番前でパトカーが通ったんです。車内の警官と目が合いました。そうしたら彼らはぼくの顔を見るなり降りてきて、「ちょっとお時間いいですか?」と……。

彼らは、ぼくが汗をかいているのが不自然だというわけです。薬物をやると大量に汗をかくからです。ぼくがいくらトレーニングをしてシャワーを浴びて急いで出てきたところだからと説明しても、いつものように聞いてもらえません。またあの手順が延々と繰り返されるわけです。

水分を出し切っていたぼくはそこから麦茶5本、ブラックの缶コーヒー5本を飲んで、尿を出して、検査を終えるまでに3時間かかりました。

当然、知人との約束には間に合いませんでした。

警官は汗がどうこうと言いましたが、実際にはそれは関係ないのではないかという気がします。

ぼくはあのとき、警官がなぜぼくに声をかけてきたのか、その理由をはっきりと見たからです。彼らはぼくの顔を見て、それが「清原」だと確認して、パトカーを降りてきたんです。

お母さんの葬儀を終えて戻ってきた羽田空港でも、同様のことがありました……。

そういうことを何度か経験するうちに、ぼくはやるせなさとか憤《いきどお》りとかを通り越して、もうこれは受け入れるしかないんだと思うようになりました。

これはぼくの宿命なんだと諦めるようになったんです。

「またやるんじゃないか」を抑止力に

ぼくは世の中の人たちに顔と名前を知られています。ぼくが知らない人もぼくのことを知っています。例えば、犯罪をした人でも刑務所から出てくれば、普通は世の中の人たちにそのことを知られずに街を歩くことができます。過去に人を殺した犯罪者が街を歩いていたとしても、ほとんどの人はそのことを知らずにすれ違うでしょう。

でもぼくの場合はそうはいきません。ぼくが覚せい剤で捕まったことを社会の多くの人が知っています。その視線から逃れることはできないんです。

職務質問をされればすぐ世の中に伝わりますし、繁華街で酒に酔えば、すぐに週刊誌に書かれます。そして清原は変わっていないな。またやるんじゃないか。そう思われるんです。自分の暗い過去をだれにも知られずに過ごせる場所なんてありません。

ただ今はそれに絶望するのではなくて、逆に世間のレッテルが、薬物に対しての大きな抑止力になっているんだと考えるようにしています。

薬物は精神力が強いからやめられるというものではありません。頑張っても太刀打ちできません。ただ辛い体験や恐怖が抑止力になることはあるような気がします。

たとえば、ぼくは今もカメラのフラッシュを浴びると、逮捕されたときの記憶がよみがえります。そして精神状態が乱れるんです。

忘れられないのは逮捕された2日後、警視庁から東京地検に送検されたときのことです。ぼくは車に乗せられ、後部座席に座らされました。後部座席のカーテンはあえて開けられていて、小窓から首だけがさらされているような状態でした。だからガラス窓越しに無数のフラッシュを浴びせられました。わざと写真を撮らせているわけです。検察庁までは一本道のはずなのに、車はあえて警視庁をぐるっと一周しました。ぼくはその間ずっとカメラのレンズを向けられて、フラッシュを浴び続けました。耐え難かったです。ほんとうに生きたまま、さらし首にされたような気持ちでした。

だから、その後の取り調べのときにぼくは言ったんです。

あんなに露骨に、しかも皇居の前で生きたままさらし首にしやがって！　他の容疑者にああいうことをするのか？　罪を犯したかもしれないけど、憲法の下《もと》では万人が平等なんじゃないのか？　なんで俺だけにあんなことをするんだ？　生きたままさらし首になる気持ちがわかるか？　俺は皇居の前で、お前らの前で切腹したる！

ほんとうにそう言ったんです。

通常、送検は何人もの容疑者がいっしょに車に乗せられていくものらしいですが、ぼくのときはひとりで乗せられて、何人もの捜査員がついていました。罪を犯した罰は受けますけど、そこに不平等があっていいのかと、そういう怒りでした。

その後の送検ではカーテンがかけられるようになり、それからは有名人が捕まってもぼくのときのようなやり方はしなくなりましたが……。

あのときの体験が今もトラウマになっていて、カメラのフラッシュを浴びると動揺して落ち込むんです。

厚労省のイベントや去年の11月に神宮球場で開催した「ワールドトライアウ

ト」、八王子での野球教室のときもカメラに囲まれてフラッシュを浴びましたが、やはりその後は沈みました。あれだけ野球場でたくさんのフラッシュを浴びてきたぼくが、今はカメラのレンズを向けられるだけで怖いんです。

だから薬物への欲求が襲ってきたときは、あの送検のときのことを思い出すと、覚せい剤の快感なんかでは割に合わないという気持ちになります。

皮肉なことですが、あのときの強烈なトラウマが、無意識のうちに抑止力になっている部分はあるんです。今も日常生活の中でよく警視庁の前を通ります。ぼくが住んでいるところから近くなので、どうしても目にすることが多いんです。そのたびにあの眩《まぶ》しい光を思い出します。あんな体験はもう二度としたくないと、本能的に自分の脳に言い聞かせることになっています。

＊＊＊

清原には逮捕される前からある意味で烙印があった。

それは丸刈りと褐色《かっしょく》の肌であり、ダイヤのピアスであり、刺青《いれずみ》であり、何かことが起これば「また清原が……」と言われる、アンチヒーローとしてのキャラクターである。

ただしそれは自分自身で刻んだものだ。清原和博たる刻印である。

甲子園のヒーローであり、プロ野球史に残るホームランバッター。

正統的なヒーローとして生きる条件を十分すぎるほど備えながら、あえてアンチヒーローの道を選んだ。どこから見てもそうわかるように自分をイメージづけた。

自分自身へのそうした刻印は清原の性《さが》を象徴している。

時代の価値観や社会的地位の高くなった近代スポーツ選手の規範にはおさまりきらない衝動が己の中にある。

自分は他のだれとも違うものを欲しているのだ、ということを知っている。

清原が薬物依存症への社会的スティグマに対しても「宿命だから」とある種の諦観をもってしまえるのは、その確信的な孤独のためかもしれない。

＊＊＊

そういえば勾留中に40日以上もぼくを取り調べた刑事さんに、今でもたまに電話をするんです。厳しい取り調べが終わったときにその刑事さんが「いつでも電話してください。なんならぼくの写真を送りましょうか。部屋に飾っておいたら役に立つかもしれませんから」なんて冗談まじりに言ってくれたんです。向こうからかかってくることはなくて、ぼくから一方的にかけるだけなんですけど、その度にまたあのときのことを思い出します。

そういうこともぼくにとっては、抑止力になっているのかもしれません。世間のレッテルはどうやったって消えるものではないですから。でもいつも見られていると思うことが、逆に自分への歯止めになる。今はそう考えるしかないような気がしています。

13 「自助グループ」

1年ほど前から薬物依存症の「自助グループ」に参加しています。

よく映画や海外ドラマで、アルコールやドラッグの依存症患者が、施設で円になってお互いの悩みを打ち明けるシーンがありますが、あれとほとんど同じです。

ずっと先生からは勧められていました。ただ、だれにも話していなかったことを他人に包み隠さずに伝えることに抵抗があって躊躇《ちゅうちょ》していたんです。テレビの中だけのものだろうという感覚もありました。どこかでプライドが邪魔して、なかなか受け入れられなかったんです。

ただそれでも先生が粘り強く勧めてくださいましたし、ぼく自身も3歩進んで

2歩下がるというような現状にもどかしさがあったので、「もしかしたら何かが変わるかもしれない……」という気持ちで足を運んでみたんです。

俳優さん、歌のお兄さん、NHKアナウンサー

自助グループのミーティングはまずみんなで手をつないで、薬物で苦しんでいる世界中の人たちへ向けて祈るんです。それから誓いの言葉を言います。この場で話したことを絶対に外に持ち出さないことを、その場にいる全員が誓います。だれにも言えない苦しみや悩みを打ち明け合うことが重要なので、それを誓えなければ、そもそもミーティングはできないんです。

「ダルク」など回復支援施設でやるミーティングは大勢ですが、ぼくたちは先生の勧めもあって少人数制でやっています。

俳優をされていたTさん。

教育テレビ（現・Eテレ）で歌のお兄さんをされていたSさん。

NHKアナウンサーだったTKさん。

そしてぼくの4人です。

全員が世の中に名前と顔を知られる仕事をしていて、薬物使用で逮捕されたという共通点のあるメンバーです。

そこに「ギャンブル依存症問題を考える会」の代表をつとめられている女性が加わって、話を進めてくださっています。

ミーティングは雑談のような形で進んでいきます。自分の失敗談とか弱さとか、薬物で逮捕された人間にしかわからないようなことを打ち明け合うんです。

最初はものすごく抵抗がありました。これまでだれにも話したことのない秘密やコンプレックス、胸の内をさらけ出すのが怖かったんです。

でも他の人の話を聞いていると、「あ、ぼくもそうだった」ということがたくさんありました。自分だけが陥っていると思っていた悩みが、じつは他の人たちも経験していたことなんだとわかって、嘘みたいに心がラクになったんです。

自助グループではお互いの話を黙って聞き、自分の話はさえぎられることも、意見されることもありません。共感によって自分の深層心理に気づき、自分とは全く考えの違う人の話を聞くことで視野を広げていくんです。

失敗したことや悩んできたことを話しているのにミーティングは不思議と和気藹々《あいあい》とした雰囲気で笑いが絶えません。今までひとりで抱えていたことを他の人と共有することで、こんなに心が軽くなるものなのかと驚きました。

先生がなぜあれほど何度も何度も粘り強く、自助グループへの参加を勧めてくれたのかがわかりました。

ぼくは今、日常生活の中で友人と食事をしたり複数の人たちとの会合にも参加できるようになりました。そうした席でまわりの人たちから、「薬物のことは触れてはいけないんだ」という空気を感じることがよくあります。薬物依存症の人間はそういうことに敏感なんです。

みんなぼくに気を遣ってくれているのですが、それが友人や知人との見えない壁になっていて、少し息苦しいときがあるんです。

だからそういう空気を感じたとき、ぼくはわざと薬物のことや逮捕されて留置場に入れられたときのことを話します。冗談めかしてあえて「ああ、ここに覚せい剤があればなあ」なんて話すんです。そうすることで見えない壁を壊したいと思うのですが、なかなかわかってはもらえません。みんな気を遣って、それ以上は突っ込んで話してこないんです。

薬物のことは実感としてはだれにもわからないので、共感して笑ったりすることなんてできません。そういう意味でも薬物依存症の人間というのは同じ経験をした仲間を持つことが重要なんです。

自助グループに参加するまではそういうことに気づきませんでした。いつもどこかに孤独を感じていました。たとえ親しい人たちとどんなに楽しい時間を過ごしていても、どこか壁があるというか……。

考えてみると自助グループに入るまで、ぼくにとって薬物のことまですべてをさらけ出せた友人は2人だけでした。

亡くなったアキラと、もうひとりずっと側にいてくれた友人です。彼らにだけは他の人にはあえて話さない薬物のことまで話すことができました。

なぜなら彼らにはぼく以外にも、薬物依存で苦しんでいる友人がいたからです。

Sさんの歌を聴きながら泣いていた

自助グループのミーティングではお互いのことを打ち明け合って、テキストの回復プログラムについて学びます。そうやって心をすっきりとさせて「また1カ月後に会いましょう」と別れるんです。

隣にいる人も自分と同じ弱さを持っていて、それを克服しようとしている。同志なんです。ひとりじゃない。グループの仲間を見ていると自分の心が動くのがわかります。

たとえば歌のお兄さんだったSさん。ちょうどあの人が教育テレビで活躍されているときに自分の息子が小さかったので、ぼくもリアルタイムでSさんが出ている番組を見ていました。やたらと日に焼けている歌のお兄さんだなあと思った覚えがあります。当時、ぼくも肌が黒いほうが強そうに見えるからという理由でよく日焼けサロンに通っていたので、印象に残っていたんです。

それがまさかこういう形で会うことになるなんて……。

Sさんは今、長野県に住んでいて介護の仕事をされているそうです。ボランティアで歌も歌っているそうです。そして月に1度、自助グループの2時間ほどのミーティングのために片道3時間かけて東京へやって来ます。彼にとってそれほど大切なものなんです。

今年の3月には自助グループのメンバーで厚労省のイベントに出ました。Tさんはすごく回復されていて話が上手ですし、TKさんはアナウンサー経験を生かして、素晴らしい司会をされていました。

そしてイベントの最後にSさんが歌ってくれたんです。

新型コロナの影響で観覧者はいませんでしたし、いわゆる会館だったので音響設備も整っていなかったんですけど、全身から声を絞り出すように歌っていました。

悲しくて泣きたくなったとき
思い出してほしい　ぼくらのことを
雲にのり　飛んでゆくからね
ひとりぼっちじゃないよ
手をつなごうよ

「あしたははれる」（作詞・作曲／坂田修）

「あしたははれる」という歌でした。ぼくはSさんの声を聴きながら、気がついたら泣いていました。ああ、歌のお兄さんも頑張ってるんだなあって、みんな必死なんだなあって、涙がぼろぼろ出てきて止まりませんでした。

アキラが死んだとき、大切な友人を亡くしたのに涙が出てこなくて、俺は薬物のせいで感情まで失ってしまったのかと絶望したぼくが、今はこんなにも感情を動かせるようになったんです。

依存症予防教育アドバイザー

厚労省のイベントが終わった次の週に病院での検査があったので、ぼくは先生に聞いてみたんです。

ＴさんやＴＫさん、Ｓさんはあんなに元気なのに、なぜ、ぼくだけいまだにうつ病の薬を飲まないといけなかったり、睡眠薬を飲まないと眠れなかったりするんですか。

そうしたら先生はこう言いました。

「清原さんは体に入れていた覚せい剤の量が、他の人とは違いすぎますから。焦《あせ》らずにいきましょう」

少しショックでしたけど、今のぼくはそれを受け入れることができます。自助グループに参加したことで薬物依存症についての目標ができたからです。

ぼくは近いうちに「依存症予防教育アドバイザー」という資格を取ろうと考えています。依存症に対する偏見や誤解を社会から取り除くために正しい知識や回復の実感を伝えていく人材のことです。ミーティングのときにＴさんやＴＫさんからすでにその資格を持っていると聞いて、「自分にできることはこれかもしれない」と思いました。

依存症の治療をはじめてからわかったことは、同じ苦しみを抱えている人たちが日本国内だけでもかなりいるということです。まだ薬物に手を出していない人がそうならないように、防止の意味で自分の体験を語ることはもちろん大切ですが、依存症になってしまった人にどう接したらいいのか、そういうことがあまり今の世の中には知られていないんです。

そこに自分の役割があるんじゃないかと考えています。

薬物はいくら「やめろ」と言ったところでやめられません。家族や友人や自分を傷つけることになるのは本人が一番わかっているんですけど、それでもやめられないんです。

親しい人から厳しい意見を言われれば言われるほど、その人たちを避けて孤独になって、さらに薬物へ逃げてしまう。だからもし大切な人がそうなってしまった場合、「やめろ」と言うのではなく、どう接するかという知識が必要なんです。ぼくが資格を取ってその技術を伝えられるようになれば、少しは役に立てるかもしれないし、自分のためにもなると思うんです。

自助グループのメンバーに「ぼくはいわゆる勉強の筆記試験を受けたことがないんですが、大丈夫でしょうか」と相談したら、Tさんが面白おかしく「大丈夫だよ。俺でも受かったんだから」と言ってくれました。

そんな話をしながらみんなで笑ったんです。

一生終わることのない戦いですが、ひとりじゃないと思えるだけで人間は救われるものです。他の人のために何かしてみようという気持ちにさえなれます。

薬物依存の治療というのは身体的なものではなく、精神的な治療なんだということをあらためて実感しています。

14「さよなら、とんぼ」

ぼくの部屋には亀がいます。甲羅《こうら》にゴツゴツしたこぶのある日本古来の石亀です。令和元年生まれの縁起の良い亀だからと、知り合いの人からいただきました。

ぼくはこれまでペットなんて飼ったことはなかったんですけど、今は小さな水槽にこの亀たちを入れていっしょに住んでいます。ぼくがジャイアンツのユニホームを着てホームランを打っている写真の前、そこが彼らの住処《すみか》です。

小さいころ住んでいた岸和田の実家の裏には池がありました。あの辺りはもともとため池の多いところで、子供の遊び場になっていたんです。

その池に亀がいて、ぼくはいつもその亀を捕まえようとしていました。ところが亀というのは何か気配がするとすぐにぽちゃん、ぽちゃんと池に飛び込んでしまいます。親子なのかなんなのか、3段重ねくらいになってのんびりと甲羅干ししていても、ちょっとした物音で逃げてしまう。そのたびにこいつら臆病だなあと思っていました。

そんなぼくが今、亀を眺めて考えています。

ぼくはどんなにデッドボールをぶつけられても避《よ》けなかったけど、亀は危険を察したらちゃんと首を引っ込めるんだなあ。亀はええなあ。自分の人生はまさに、うさぎと亀の物語みたいやなあ。亀を見ながらそんなことを考えているんです。

岸和田の男のメンツ

ぼくは小さなころからずっと、強さとか男らしさを追い求めてきました。

岸和田の男というのは何よりメンツを大事にします。たとえ金がなくても見栄を張るためならポーンと出します。痛くても痛いなんて言わないし、敵に対しては一歩も引かないし、困っていることがあって、だれかに助けてやろうと言われても「なんもねえよ」と去っていく。

それが男らしさ、格好良さだという気風があります。

任侠映画が好きだったのも生まれ育った土地柄とか、そうした岸和田の血のためかもしれません。

そういえば、ぼくは怪我や病気で入院したとき、病室の名札をよく「小川英二」にしていました。これは長渕剛さんが主演したドラマ「とんぼ」の主人公の名前です。

清原和博と実名を掲《かか》げるといろいろ大変なことがあるというのも理由のひとつですが、やっぱりぼくは「英二」に憧れていたんです。ヤクザで強面《こわもて》でぶっきらぼうで、乱暴だけど筋は通っていてじつは優しくて、そして好きな人や仲間にだって弱みを絶対に見せない。

まさにぼくが理想とする男らしさを持っていました。

現役時代、ぼくは196個のデッドボールを受けました。これはプロ野球の歴史で1位の記録です。硬球というのは石のような硬さがあります。それが時速1

50kmくらいのスピードで生身の体に衝突するわけですから、痛くないわけがありません。しょっちゅう体には痣《あざ》をつくっていました。

でも逃げないことがぼくのポリシーでした。逃げていたらプロの一流投手を打つことなんてできないと思っていたし、そういう気構えでいれば痛みなんて消えてしまうものだと考えていました。

お金だってどんどん使うことが格好いいと思っていました。高い酒を飲んで、高い服を着て、高い車に乗って……。服なんて欲しいものがあればなんでも5着ずつ買っていました。ぼくのジャイアンツでの背番号は「5」でしたから、なんでも5つです。そんなに買っても自分ひとりでは着れっこないので余ったものは他人にあげていました。

ぼくは有名なプロ野球選手でしたから、まわりにいろいろな人たちが寄ってきて、いろいろなことをしてくれました。当時はそれが当たり前だと思っていて、感謝の言葉を使うこともなく生きてきました。

男らしさとはだれにも頼らない強さだと思っていました。

でも今は違います。

先生や身近な人たちにしょっちゅう「元気がでない」「死にたい」と弱音を吐いています。自分が家族にやってしまったこと、自分自身に対してやってしまったことを思い返しては後悔して泣いています。

また薬物に手を出してしまうことが怖くてアルコールに逃げたりしています。

この4年間、贅沢品《ぜいたくひん》を買ったことはないですし、タクシーに乗ればメーターが上がっていくのが気になってドキドキしています。

ぼくが求めてきた男らしさとはまったくかけ離れています。

ただその分、「ありがとう」を言えるようになった気がします。他の人の存在やその人たちがぼくのためにしてくれることの大きさをわかったような気がします。男らしさとは何か。自分の中でその物差しが変わってきたんです。

＊＊＊

清原がいつも手元に置いている薬物依存症のテキスト「ホワイトブックレット」にはこんな一節がある。

『私たちは、アディクション（薬物依存）に対して無力であり、生きていくことがどうにもならなくなったことを認めた』

これが依存症回復プログラムにおける最初のステップである。

負けを認めること。

自分の弱さを受け入れること。

そこからすべてが始まる。

あらゆる勝利を手にして、生涯一度も代打を送られたことのないホームランバッターにとって、それは長い間、受け入れがたいことだった。

ただ、覚せい剤の前ではそれを否応《いやおう》なく認めるしかなかった。

それから清原は変わり始めた。

＊＊＊

ぼくが世の中の人たちにわかってもらいたいことは、薬物依存症が根性論や精神論ではどうにもならないということです。何度も薬物をやってしまうのは生きることを怠《なま》けているからだとか、意志が弱いからだと思われているかもしれませんが、それは違うんです。

刑務所に入ったら薬物をやめられるのは、どれだけやりたくても手に入らないからやめられるだけです。社会に出て自由に生きながら、やれる環境にあっても薬物をやらないという生活は、とても自分ひとりの力では無理なんです。

ぼくはこれまでずっと根性でどうにかならないことなんてないと考えてきた人間です。実際にその通りに生きてきました。

PL学園の1年生のときは、その日を生きることに精一杯でした。洗濯物が乾いていない、ご飯の給仕が遅い、そういうちょっとしたことで先輩たちから激しい暴力を受けたり、精神的に極限まで追いつめられることになるので、いつもサバイバルをしている感じでした。耐えきれずに寮から脱走した同級生も何人もいました。でもぼくは根性でその中を生き抜いてきました。

16歳からマスコミに出て、プロになってからは打てなければ「清原が戦犯だ」

と叩かれました。今はインターネット上で「ディスる」という言葉がありますが、ぼくの場合はテレビをつければテレビで、コンビニに行けばスポーツ新聞の一面で、自分が戦犯だとディスられていました。野球のことならまだしも、プライベートまであることないこと書かれました。

でも、そういうことにもぼくは耐えられたんです。そんなことはホームランを打てば解決するんだと考えることができたんです。

バッターボックスで変化球を狙ったことなんて一度もありません。つねに相手の一番速いボール、一番強いボールだけを待って、相手ピッチャーからも、デッドボールからも逃げずに戦ってきました。

ぼくの現役時代のコメントをすべて見てもらえばわかると思いますが、打てなくてどれだけ批判されようと、どこどこが痛かったから打てなかったとか、そういう言い訳だけは一切したことがないはずです。他の人が経験したことがないプレッシャーをぼくは根性で乗り越えてきたんです。

つまりぼくが精神力で負けたことなんて一度もなかったんです。

でも薬物にだけは負けました。完敗です。人生初の敗北です。

今はそれを先生に打ち明けて、まわりの人たちに打ち明けて、弱さを晒《さら》しています。

覚せい剤に手を出してしまうのが怖い。息子たちを失うのが怖い。それは隠しようのない事実です。負けたと認めること。怖いと認めること。それはぼくにとってすごく重要なことでした。そこから人を見る目が変わったように思います。

昔、お父さんがいつも人に対して「おおきに、おおきに」「すんません、すんません」と頭を下げているのを見ていて、なんでお父さんはそんなことするんだろうと思っていたんですけど、今ならそれがどういうことかわかる気がします。

自分で事業をされたり、社会的な立場があってまわりから尊敬されている人は、ものすごく物腰が柔らかくて穏やかで、年下の人や立場が下の人にも「ありがとうね」と常に声をかけているんだとわかってきました。自分の利害があるないにかかわらず、社会的に強いとか弱いとかにかかわらず、常に同じように人に接しているんです。

以前はそんなこと気にもしなかったんですけど、今はそういうものが見えるようになってきました。そういうところで男らしさとか、人間性を判断するようになりました。なんというか……、今のぼくの理想を言うなら、やはりお父さんのような男なんじゃないかなと、そんな気がします。

甲子園でホームランを打って優勝して、プロで活躍して大金を手にして、ぼくはずっと怖いものなしのうさぎのような人生を歩んできました。でも、今は怖いことばかりです。亀のようにゆっくりとしか進めません。

悪夢にうなされるから夜が来るのが怖いですし、世の中から取り残されているんじゃないかと感じる朝が怖いです。

怖いことばかりの中で震えながらぼくは部屋の亀たちを眺めています。

バッターとしてストレートを狙うことだけにこだわるんじゃなくて、野村（克也）さんに配球のことを教えてもらっていたら、もっと打てたかもしれないなあ。

怖ければ首を引っ込めればよかったんだなあ。

弱さを他人に見せてもよかったんだなあ。

水槽の中の亀たちを見ながらそんなことを考えています。

そういう人間として当たり前のことが、今ごろになって身に染みるんです。

15 「人間」

「もしもこの先、ぼくが薬物をやってしまうことがあったとしたら、そのときはあなたたちの前でやります——」

側にいてくれる大切な友人たちにはそう言っているんです。

ぼくは一度、すべてを失いました。覚せい剤を使って逮捕されて、お金も仕事も社会的立場もすべて失ったんです。

ただひとつだけ失わなかったものがあります。

人です。

嘘をついて裏切ったぼくを、それでも見捨てなかった人がいました。仕事や生活の支援をしてくれた人がいました。ひとりにさせないようにとずっと側にいてくれた人がいました。

おそらく薬物依存とうつ病を抱えているぼくに関わるのはしんどかったと思います。感情も出ない、言葉も出ない、そんなぼくといっしょにいるのは憂うつだったことでしょう。

ただ自分の生活や、極端に言えば人生をかけて、ぼくのことをバックアップしてくれた人がいたんです。御礼のひとつも言えない時期があったかもしれませんが、そういう人たちの熱い気持ちはボロボロになった心にも伝わっていました。それがあったからやっとここまでこられました。

そういう人たちがいなかったら、ぼくはもうとっくに死んでいたと思います。

野球をやっていたころは、自分ひとりで練習して、自分ひとりで打席に入って、自分ひとりで責任を取って、だれの力も借りない、というのがぼくの生き方でした。

でもバット一本で何十億円と稼いできたものがすべてなくなって、今は人の力を頼らずには生きていけないんです。今まで友人から食事をご馳走してもらうことなんてなかったんですけど、今はありがたくご馳走してもらっています。

人生が180度、変わったんです。

辛いことは辛い、しんどいことはしんどい、苦しいことは苦しい、寂しいことは寂しい、悲しいことは悲しいと、側にいてくれる人たちに打ち明けることによって、なんとかぼくは生きています。

この4年間であらためて「人間」という字の意味を考えました。人と人の間に生きる。今のぼくがまさにそうです。人というのはそうやってしか生きられないんだな。それが人間なんだなということに気がついたんです。

公式戦ホームラン数はナンバーワン

ぼくの新しい生き方は依存することです。

薬物にではなく、人に依存するということです。

何度も言いますが、薬物依存というのは自分で何とかしようと思ってできるものではありません。一度やってしまったら、もう意志の力とか、精神力ではどうにもならないんです。だれかの力を借りなければ、だれかに助けてもらわなければ到底かなわないんです。

先生のところに通い始めたばかりのころ、よくこう聞かれました。

「清原さん、覚せい剤を使いましたか？　使ったら正直に言ってください」

そしてこう言われました。

「仮にやってしまったとしても私たちは警察には通報しません。薬物に負けてしまうことを想定内として治療を進めているので、正直に言ってください」

薬物依存症の人間からすればリラプス（再犯）がもっとも怖いんです。もっとも避けたいことなんです。当然です。

だからもし薬物に負けてしまった場合、それを秘密にしてしまうことが多いそうです。ただ自分の中に秘密を持つということは孤独になるということで、その孤独がますます傷口を広げてしまうんです。

孤独は薬物治療にとってもっともいけないことです。だから必ず腹の内を打ち明けられるだれかが必要なんです。

俺は俺の力で生きていくんだとずっと考えてきたぼくがこんなことを言うのも

どうかとは思いますが、もし世の中に薬物依存のことをひとりで抱えて悩んでいる人がいたら、どうか薬物の専門病院に行ってください。専門の病院なら駆け込んだからといって警察に通報されることはありませんから、どうか人に頼ってください。ひとりでこの病気に勝てる人はどこにもいないんです。

ぼくなどは最近、過去の自分にも依存しているような気がしています。

先日、ひさしぶりに会った知人からこう言われたんです。

「清原さん、知っていましたか。練習試合もふくめた高校通算ホームラン数では清宮（幸太郎）くんが111本でナンバーワンと言われていますが、公式戦のホームラン数は清原さんがナンバーワンなんですよ」

この知人も野球少年で小さいころから怪物と呼ばれていたバッターでした。彼はぼくに憧れてくれていたらしく、ぼくよりもバッター清原和博のことに詳しいんです。たしかぼくは高校時代、公式戦通算で四十数本だったらしいんですけど、それを嬉しそうに話してくれるんです。

もちろんぼくを元気づけようとして言ってくれているのはわかりました。でも、それを聞いているうちにぼくも素直にうれしくなってきて、少しずつ心が元気になっていくのがわかりました。

変な話ですが、今の時代にスマートフォンがあってよかったなあと思います。だれもが手軽に昔の動画を見ることができるので、ぼくの現役時代のことを知らない人でも、その気になればぼくのホームランを見ることができますから。そのおかげでいくらか忘れ去られないですんでいる部分はあると思うので。やっぱりぼくにとっては人に忘れ去られていくというのが一番辛いことなんです。

どんどん新しいスター選手は出てくるので、あと何年かすれば、ぼくのことを振り返ってくれる人もいなくなるかもしれませんけど、自分の過去をだれかに覚えていてほしいんです。

逮捕されたばかりの頃は過去を振り返ると現在とのギャップを突きつけられて落ち込むばかりでしたが、今は素直に受け止められます。

たまに自分で自分の動画を見ることもあります。その中でよく思い出すのはやはりプロ1年目のことです。

あの1986年は今でもいろいろな思いがよぎる印象深いシーズンでした。18歳でプロに入っていきなり外出禁止になって、ずっとバットを振るしかありませんでした。だからあそこまで打てたのかなあとも考えますし、なぜ2年目からもあのシーズンのように野球ができなかったんだろうと思うこともあります。

最初は8番バッターから始まったのがやがて5番になって、相手ピッチャーの左右によって4番を打つようになって、そうしているうちに近鉄との優勝争いがものすごいデッドヒートになっていった。1日ごとにこっちにマジックがついたり、相手にマジックがついたりする緊迫した展開でした。

当時は130試合制で、あれは127試合目くらいだったと思うんですけど、忘れもしない川崎球場でのロッテ戦でした。

試合前にトイレに行ったら森（祇晶《まさあき》）監督が横にきて、「おいキヨ、4番でいくぞ」と言われたんです。優勝争いのクライマックスで、絶対に負けられない試合で4番ですから……。もうほんとうに出るものも出なくなったのを覚えています。

そういう重圧の中でゲームは始まりました。1点差で負けていた6回くらいでしたか、ぼくは同点ホームランを打ったんです。ジャイアンツ時代、ぼくの専属の打撃投手として投げてくれていた田子（譲治）さんから打ったんです。31本目のホームラン。田子さんのカーブをレフトスタンドの上段に運んだあの感触とか残像は今でもはっきりと覚えています。

あれからもう34年が経ちますけど、高卒ルーキー1年目でのホームラン記録はいまだに破られていません。それは間違いなく今の自分を支えてくれているもののひとつです。

多くの人からあのシーズンが一番良い打ち方をしていたと言われました。それは同時に、なぜあの打ち方を崩してしまったのか。あのままならばもっともっと打てたんじゃないかと言われているということでもあるんです。

自分でもあのころはラクに打っていたのになあと思うことがあります。1年目で31本を打って、有頂天になって遊ぶようになって、次の年からは野球にかける時間がそれまでより減ってしまったという反省はあります。インコースが打てないと言われてムキになって全部打とうとしたことで、長所まで失ってしまったと後悔するところはあるんです。

でも同時にぼくにとってあのシーズンは、いつまでも誇りなんです。

甲子園で打った13本のホームランのように大切なものなんです。

そうやって「あのころの俺はこんなことがやれたんだ」と成し遂げてきたことに浸ったりするのも、過去の自分に依存することも、悪いことではないんだと最近は思えるようになりました。

薬物の後遺症は一生治らない

逮捕されてからずっと執行猶予が明ける日のことを考えてきました。その日がくれば何かが見えるはずだから、何かが変わるはずだから、その日までは頑張ろうと言い聞かせてきました。

でも自分のなかでは思い描いていたような劇的な変化は相変わらず感じられません。今こうしているあいだも耳鳴りがしています。あまりにひどいので検査にいきましたが、正常な人の半分くらいしか聞こえていませんでした。手の震えもずっとおさまりません。これらは薬物の後遺症で一生治らないらしいんです。

うつ病によって目もかすんでいます。ほとんどの景色がぼやけて見えますし、夜は睡眠薬を何錠も飲まないと眠れません。この苦しみともおそらくこれからもずっと付き合っていかなければなりません。

そして何より薬物への欲求がなくなることはありません。10年以上も覚せい剤をやめていた人が再犯で逮捕されたなんて話を聞くと、そのたびに怖さを思い知らされます。自分の未来にもそういうことが待っているのかと不安になるんです。

怖くなって、多少なりとも薬物への欲求を減らしてくれるものはないのかと一度、調べたことがあります。そうしたら大麻やヘロインは原料が植物なので、タバコでいうニコチン・パッチのように、あるていどの欲求を満たしてくれる擬似製品があるらしいです。

ただ覚せい剤というのは自然のものではなく化学物質を合成したものなのでそういう類《たぐい》のものはないということでした。

そんな状態でこの先のことを考えると不安でしかたないです。これからどうやって生きていくことになるんだろうと。ぼくももう53歳になるんで……。

おそらく執行猶予が明けた翌日からも、そうやって不安や悩みを抱えながら歩いていくのだと思います。

高校野球の監督をやりたい

そんなぼくがわずかでも4年前と違うとすれば、微かな希望があることです。息子たちに会えたあの日から少しずつ前に進んで、なんとか生きる目標を見つけることができたんです。

今、ぼくは高校野球を指導する資格を取りたいと考えています。

去年、イチローが研修に参加してニュースとして取り上げられた「学生野球資格回復制度」です。プロ野球関係者がアマチュアの指導資格を得るためには研修を受けて日本学生野球協会から認定されないといけないんです。

これからの人生のために「依存症予防教育アドバイザー」とともに、この資格を取りたいんです。

人によって救われた自分が、だれかのためにできることがあるとすれば、やはり野球と薬物依存症についてのことだと思うんです。薬物に関してはだれかひとりでも「ああ、清原も俺らと同じ気持ちなんだ」と前を向いてくれる人がいてくれたらいいなと思います。

野球に関しては息子がバッターとして成長していくのを見守るとともに、これはほんとうにできるかどうかなんてわからないんですが……、いつか高校野球の監督ができたらいいなと思っています。教え子を甲子園に連れていくことができたらいいなと、そんな夢みたいなことを考えているんです。

高校のときに甲子園でプレーしたことは、振り返ってみると、人生の中でこれ以上の経験はないというくらい素晴らしいものでした。それと今のプロ野球界では高卒1年目で活躍できるバッターが少ないですが、あれは金属バットが進化しすぎたことが原因のように思えるんです。やはり金属でも木製でも変わらないバッティングの基本を少年野球から教えていかないとスター選手は生まれてこないと思うんです。

そして、それを伝えるのは自分の役割ではないかと勝手に思っているんです。ぼくはほんとうに何の違和感もなく金属バットから木のバットに順応できましたから。それはぼくに教えてくれた人たちの指導方法や、練習のやり方のおかげだったんです。

それを伝えていきたいんです。

とにかくぼくの残りの人生は野球と薬物依存症のために捧げたいと考えています。

支えてくれた人たちをがっかりさせたくない

薬物への欲求は4年前に比べると少しずつですが、落ちてきてはいます。これは感覚的なものですが、確かにそう感じます。

薬物依存症、うつ病と戦うなかで、そこから回復するために必要なものは何なのか、人間が生きていくために大切なものは何なのかを教えてもらった気がします。

生きている意味を見出せなかったぼくに希望をくれた息子たち。元妻の亜希。お父さん、お母さん。どん底のときに側にいて支えてくれた人たち。

その人たちからもらった心をもう踏みにじることはできません。これ以上その人たちを裏切ったらぼくは今度こそほんとうに孤独になってしまいます。

もう悲しませたくないですし、がっかりさせたくないんです。

薬物への欲求が襲ってきたときは、せっかく大切なものを取り戻せたのに、こんなに心配してくれる人がいるのに、それでもお前はできるのかと、自分自身に問いかけ、言い聞かせています。

解題——人はなぜ薬物依存症になるのか？

松本俊彦

のっけからいきなり質問です。

「人はなぜ薬物依存症になるのでしょうか？」

みなさんはどう答えますか？　一回でも薬物を使用すると、薬物による快感が脳内報酬系をハイジャックし、人を薬物の奴隷に変えてしまうから？

これについては、薬物依存症治療を専門とする精神科医として声を大にして、こう答えたいと思います。

「まさか！」

たとえばアルコールはれっきとした薬物であり、その薬理学的依存性は決して弱くはありません。しかし、誰もが使用経験を持っていて、大半の人はコントロールして嗜んでいるはずです。それでは、そのアルコールの初体験はどんなものだったでしょうか？　脳をハイジャックされるような、めくるめく快感を体験したでしょうか？　後にアルコール依存症を発症する人でさえ、「最初は酒の味はわからなかったが、酒の席の雰囲気が好きで、無理して飲むようになって……」と初体験を回顧する人がほとんどです。あるいは、喫煙習慣のある人は、ぜひご自身の喫煙初体験時の感覚を思い出してみるとよいでしょう。最初から、「おいしい」と感じましたか？　むしろ、どちらかといえば口のなかが不快になって、「うへぇ～」と感じたのではないでしょうか？

実は、ヘロインやコカイン、覚醒剤といった違法薬物の場合も同様です。意外にも初体験は、通常、「少し不快な感覚」、あるいは、「どこがいいのかわからない」といった拍子抜けの感覚であることが多いのです。

要するに、一回でも薬物をやったら依存症になるというのは嘘といわざるを得ないのです。事実、国連の報告書（二〇一六）によれば、薬物経験者のうち依存症に罹患するのは一割強にすぎません。

では、なぜ一部の人だけが依存症となり、ある薬物をくりかえし摂取するようになるのでしょうか？

＊

四十年あまり昔、カナダの心理学者、ブルース・アレキサンダー博士は興味深い実験を行いました。

まず、雌雄《しゆう》同数の三十二匹のネズミをランダムに、居住環境の異なる二つのグループに分けました。一方のネズミは、一匹ずつ狭い檻のなかに閉じ込め（「植民地ネズミ」）、他方のネズミは、十六匹を雌雄一緒に広々とした場所に入れました（「楽園ネズミ」）。植民地ネズミは、他のネズミといっさい交流できない環境ですが、一方の楽園ネズミは、広場の所々に遊具などが置かれ、ネズミ同士で自由に遊んだり、じゃれ合ったりできました。

アレキサンダー博士は、これら二つのグループのネズミに対し、ふつうの水とモルヒネ入りの水を用意して与え、五十七日間観察しました。そして、どちらのグループのネズミの方がよりたくさんのモルヒネ水を消費するのかを調べたわけです。

その結果、植民地ネズミは、檻のなかで頻繁かつ大量のモルヒネ水を摂取しては、日がな一日酩酊していました。それに対して、楽園ネズミは、もっぱらふつうの水を飲んで、他のネズミと遊んだり、じゃれ合ったり、交尾したりしていました。モルヒネ水は最初だけ少し試したものの、その後はいっさい見向きもしなかったのです。

この実験は、「なぜ一部の人だけが依存症になるのか？」という問いに対するヒントをくれます。そのヒントとは、依存症になりやすい人とは孤立している人、しんどい状況にある人なのではないか、というものです。

このことはとても重要です。米国の精神科医エドワード・カンツィアンは、依存症発症のメカニズムとして「自己治療仮説」（一九八五）という理論を提唱しています。彼は、「依存症の本質は快感ではなく苦痛である。そして薬物使用を学習する際の報酬は、快感ではなく、苦痛の緩和である」と述べました。ネズミの実験と見事に符合する見解です。

自己治療仮説は、精神科医としての私自身の臨床経験に照らしてもしっくりときます。これまで私が出会った薬物依存症患者はみな、困難な現実に過剰適応し、苦痛や苦悩をコントロールするために薬物を使っていました。もちろん、最終的には、薬物自体が持つ依存性によって脳がハイジャックされ、自分をコントロールするために用いてきた薬物に、気づくと自分がコントロールされてしまう状態に陥っていましたが。

くりかえします。薬物依存症の人たちは快感を求めて薬物を使っていたのではありません。苦痛を緩和し、不幸に適応するために薬物を使っていたのです。そして、抱えている心理的苦痛が大きければ大きいほど、その人は薬物の効果を強烈に感じるのです。

＊

そのような薬物でありますが、なぜ今日、薬物を使うことはいけないこと、犯罪として、法で規制されているのでしょうか？

というのも、薬物は人類と同じくらい古く、長い歴史があります。たとえば、古代ローマ帝国五賢帝の一人マルクス・アウレリウス・アントニヌスがアヘン常用者であったことはよく知られていますし、紀元前四〇〇〇年頃のメソポタミア文明遺跡から発掘された粘土板にも、「ケシ（実はアヘンの原材料）は愉楽の植物」と記されているほどです。

さらにいえば、歴史的にはもともと薬物は「悪者」ではなかったのです。アルコールやニコチン、カフェインといった社会的に許容されている薬物はもちろん、ヘロインやコカイン、覚醒剤のような強力な依存性を持つ薬物でさえも、それが発見・発明された当初、神聖なもの、あるいは医薬品として大切に使われていた時代があったのです。

おそらく薬物が人類に害をもたらす、いわば「社会の敵」となったのは、社会の側の変化にこそ原因があったと思います。つまり、社会が発展し、豊かになり、複雑化し、多くの人々が薬物にアクセスするようになるに伴って、様々な苦痛や恥辱、あるいはプレッシャーに苛まれる人たち、格差や差別に喘ぐ人たちのなかで度を超した薬物の使い方をする人が出始め、その結果、薬物による様々な健康被害や社会的弊害が顕在化してきたわけです。

そこである時期を境に、各国は国際的協調のもと、「人類の健康及び福祉に思いをいたし……」（麻薬に関する単一条約、一九六一）て、薬物を規制し、その使用や所持を厳しい刑罰の対象としたわけです。いまから六十年あまり前の話です。

はたしてその成果はどうであったでしょうか？

実は、二〇一〇年頃から、こうした厳罰政策が失敗であり、かえって当事者と社会を苦しめていることを示すエビデンスが数多く報告されるようになりました。

いくつか列挙してみましょう。

第一に、厳罰政策を開始して以降、皮肉にも世界中のアヘンやコカインの生産量と消費量は激増しました。第二に、薬物犯罪で刑務所に収監される者が激増し、新たに刑務所を建設するために巨額の税金が投入されてきました。第三に、薬物の過量摂取による死亡者、および薬物使用を介したＨＩＶ感染者が激増しました。そして最後に、違法化によって反社会勢力が密売をするようになり、巨利を得た彼らは、もはや政府の力では対処できないほどの巨大組織に成長してしまいました。

　こうしたエビデンスは、本来、人類の健康と福祉の向上を目的とした厳罰政策が、皮肉にも人類の健康と福祉を損ない、社会の安全を脅かす事態を招いたことを示唆します。

　それだけではありません。厳罰政策は、薬物依存症を抱える当事者の回復を妨げてもいます。事実、最近わが国で行われた研究（嶋根卓也ら、二〇一九／Hazama & Katsuta、二〇二〇）は、覚醒剤取締法違反者は刑務所に長く、頻回に入るほど、将来の再犯リスクが高まること、そして、刑務所に入るたびに依存症が重篤化している可能性を明らかにしています。

　今日、国際的には薬物犯罪に対する刑事政策は、まさに岐路を迎えているといえます。

＊

　ご承知のように、著名人や芸能人が薬物事件で逮捕されるたびに、激しいバッシング報道でテレビのワイドショー番組は持ちきりとなります。警察署から保釈されればされたで、カメラの前での謝罪を強いられ、その後はメディアの人たちに車やバイクで追いかけ回され、追跡にはヘリコプターまで動員されます。さらに治療のために病院に行けば、そこにも報道陣が待ちかまえていて、治療どころではない状況となります。家族にも害はおよびます。自宅に押し寄せるメディア関係者に生活の安全を脅かされ、長いことホテルを転々とする苦労を余儀なくされるのです。

ひどいのはメディアだけではありません。たとえば、二〇一六年に清原さんが逮捕されたとき、なぜ逮捕直後という絶妙なタイミングの映像をテレビで流すことができたのでしょうか？　これは、捜査機関が内々にメディアに逮捕情報をリークし、報道の過熱化、炎上化を狙ったとしか考えられません。

かねてより不思議に思っていたことがあります。逮捕された著名人を護送するワンボックスカーは、なぜか決まって後部座席を仕切るカーテンが開かれています。なぜなのでしょうか？　いくら逮捕されたといっても、まだ裁判で判決が出ていない容疑者――いわば「推定無罪の身柄」――の段階です。本来は一定のプライバシーへの配慮が求められるはずです。

それにもかかわらず、なぜカーテンを開けるのでしょうか？　現代版「市中引き回しの刑」を演出するため？　だとしたら、法治国家であるわが国で、捜査機関が率先してそのような「私刑」を行ってよいのでしょうか？

そもそも、こうした一連のバッシング報道は、彼らが犯した過ちに見合ったものなのでしょうか？　大物政治家の汚職発覚とか、大量殺人事件といったものならばいざ知らず、同じ犯罪といっても、たかだか、「人類の健康及び福祉に思いをいたし」て規制された薬物の話です。

当然ながら、こうした一連の報道は、著名人本人の精神状態に深刻な影響をおよぼします。世界中が自分を糾弾し、自分を敵視している感覚に陥り、恐怖で外出が困難となります。そして何ヶ月間も部屋にこもり続け、ただひたすら自殺を考える日々が続くのです。

これまで私は何人かの薬物問題を抱える著名人の治療を担当してきましたが、その誰もがそうした精神状態に追い詰められているのを、診察室という至近距離で目の当たりにしてきました。そのたびに、表向き「いじめ防止」「ハラスメント防止」「自殺予防」ときれいごとをいいながら、現実にはそれを肯定する行動をとっているわが国の社会に強い憤りを感じてきました。

一連の報道は、著名人本人にとどまらない影響もあります。

薬物依存症からの回復を願って専門病院やリハビリ施設でのプログラムに励んでいる当事者にも深刻なダメージをおよぼすのです。実際、薬物事件報道がワイドショーを賑わすたびに、私の外来に通院する多くの薬物依存症患者さんたちは深く絶望し、治療意欲が萎えしぼむのです。世間のバッシングや薬物使用者に対する罵声は否が応でも彼らの耳にも入り、「このまま治療を頑張って薬物をやめた状態を維持しても、社会には自分の居場所がない」と感じるからです。

しかも、テレビ報道で挿入される「注射器」や「白い粉」の映像を目にするたびに、薬物使用時の感覚が生々しく蘇り、鎮まっていた薬物渇望が刺激されて、なかには再使用して逮捕されてしまう人もいます。

みなさんにお願いがあります。今後、著名人の薬物報道に接したら、ぜひこうした背景や影響に思いを馳せ、少なくともこの「私刑」には加担しない、という選択をしてほしいのです。

＊

わが国では長いこと、薬物乱用防止の美名のもと、薬物依存症の当事者を生け贄として屠《ほふ》り、みせしめにする対策をとってきました。

たとえば、一九八〇年代、テレビではさかんに「覚醒剤やめますか？　それとも人間やめますか？」というキャッチコピーが流れていました。そして、八〇年代後半から今日まで、「ダメ。ゼッタイ。」という合い言葉で、毎年、乱用防止の啓発がなされ、啓発週間に開催されるポスターコンクールでは、違法薬物の乱用者をゾンビやモンスターのように描いた生徒の陰惨きわまりない作品に都道府県知事賞が与えられてきました。あたかもジョージ・オーウェルのディストピア小説『一九八四』を彷彿させる、国をあげての洗脳教育です。

こうした一連の洗脳の成果が、ひどい薬物事件報道を許容する社会とはいえないでしょうか？　さらには、国内各地では、地域の住民が、薬物依存症の当事者が運営するリハビリ施設「ダルク」に対する反対運動を起こし、薬物依存症からの回復までも許容しない社会を作り出しています。さらにいえば、近年、薬物依存症専門病院では、皮肉にも処方薬や市販薬といった医薬品――「逮捕されない薬物」「一回やっても人生が終わらない薬物」――の依存症患者が顕著に増えています。

わが国の薬物乱用防止啓発は、どこで「ボタンを掛け違えた」のでしょうか？

なお、断言しておきますが、最初に違法薬物を勧めてくる人物というのは、決してゾンビやモンスターのようなおそろしい人物などではありません。むしろ最初の薬物使用は、それまで出会ってきた人のなかで最もやさしくて、「おまえ、イケてるじゃん、おもしれーじゃん」と、初めて自分の存在価値を認めてくれた人が、「仲間になろうぜ」とつながりを提示してくることから始まります。

その意味では、私たちが問題視すべきなのは、薬物そのものではなく、その人がこれまで置かれてきた孤立なのです。

孤立については興味深い動物実験があります。先ほど紹介したネズミの実験には続きがあります。

アレキサンダー博士は、檻のなかですっかりモルヒネ依存症になってしまった植民地ネズミを一匹だけ取り出して、楽園ネズミのいる広場へと移し、さらに観察を続けたのです。

すると、まもなくその植民地ネズミは楽園ネズミたちとじゃれ合い、交流するようになりました。それだけではありません。やがて植民地ネズミはいつしかモルヒネ水を飲むのをやめ、楽園ネズミたちの真似をして、ふつうの水を飲むようになったのです。

この実験結果は、薬物依存症からの回復に何が必要なのかを教えてくれます。それは、孤立しない環境、人とのつながりです。こう言い換えてもよいでしょう。英国人ジャーナリスト、ヨハン・ハリがいみじくも看破したように、「アディクション」(Addiction：依存症、酒や薬に溺れた状態)の対義語は、「ソーバー」(Sober：しらふの状態)でも「クリーン」(Clean：薬物を使っていない状態)でもなく、「コネクション」(Connection：人とのつながり)なのだ、と。

とりとめのない話をしてきました。そろそろ、この解題もおわりにすべき紙幅に達しました。

＊

最後に、一つ伝えておきたい事実があります。

私が担当する薬物依存症の専門外来は、初診申し込みをメールで受けていますが、薬物依存症者から届くメールには二つの特徴があります。一つは、深夜に送信されるメールが多いということ、そしてもう一つは、メール送信日は彼らの誕生日前後が多いということです。この二つの特徴から思い浮かんでくるのは、周囲の批判に抗い、一見、居直って薬物を使い続けながらも、深夜、「もうすぐ××歳になるというのに……」と迷う孤独な人間の姿です。

その迷いを希望に変えるのは、刑罰による苦痛や排除、あるいは、報道による「袋叩き」や辱めではなく、治療や支援、そして回復を応援されるなかで体験する、「人のやさしさ」である――そう私は信じています。

（精神科医、国立精神・神経医療研究センター精神保健研究所薬物依存研究部長）

本書は語り下ろしです。
なお、本文中の表記はすべて単行本刊行時のものです。

単行本　2020年6月刊　文藝春秋
DTP　エヴリ・シンク

構成・鈴木忠平

文春文庫

薬物依存症《やくぶついぞんしょう》の日々《ひび》

定価はカバーに
表示してあります

2023年8月10日　第1刷

著　者　清《きよ》原《はら》和《かず》博《ひろ》
発行者　大沼貴之
発行所　株式会社 文藝春秋

東京都千代田区紀尾井町 3-23　〒102-8008
TEL 03・3265・1211㈹
文藝春秋ホームページ　http://www.bunshun.co.jp

落丁、乱丁本は、お手数ですが小社製作部宛お送り下さい。送料小社負担でお取替致します。

印刷製本・凸版印刷

Printed in Japan
ISBN978-4-16-792087-6

（　）内は解説者。品切の節はご容赦下さい。

川村元気
仕事。
山田洋次、沢木耕太郎、杉本博司、倉本聰、秋元康、宮崎駿、糸井重里、篠山紀信、谷川俊太郎、鈴木敏夫、横尾忠則、坂本龍一——12人の巨匠に学ぶ、仕事で人生を面白くする力。

か-75-2

川村元気
理系。
世界を救うのは理系だ。川村元気が最先端の理系人15人と語った未来のサバイブ術！　これから、世界は、人間は、どう変わるのか？　危機の先にある、大きなチャンスをどう摑むのか？

か-75-4

海部陽介
日本人はどこから来たのか？
遠く長い旅の末、人類は海を渡って日本列島にやって来た。徹底的な遺跡データ収集とDNA解析、そして古代の丸木舟を再現した航海実験から、明らかになる日本人の足跡、最新研究。

か-77-1

河合香織
選べなかった命
出生前診断の誤診で生まれた子
その女性は出生前診断で「異常なし」と診断されて子供を産んだが、実は誤診でダウン症児だと告げられる。三カ月半後、乳児は亡くなった。女性は医師を提訴するが——。　（梯　久美子）
か-83-1

木村盛武
慟哭の谷
北海道三毛別・史上最悪のヒグマ襲撃事件
大正四年、北海道苫前村の開拓地に突如現れた巨大なヒグマは次々と住民たちを襲う。生存者による貴重な証言で史上最悪の獣害事件の全貌を描く戦慄のノンフィクション！　（増田俊也）
き-40-1

清原和博
清原和博　告白
栄光と転落。薬物依存、鬱病との闘いの日々。怪物の名をほしいままにした甲子園の英雄はなぜ覚醒剤という悪魔の手に堕ちたのか。執行猶予中1年間に亘り全てを明かした魂の「告白」。

き-48-1

倉嶋　厚
やまない雨はない
妻の死、うつ病、それから…

伴侶の死に生きる気力をなくした私は、マンションの屋上から飛び下り自殺をはかった……。精神科に入院、ようやく回復するまでの嵐の日々を、元NHKお天気キャスターが率直に綴る。

く-23-1

（　）内は解説者。品切の節はご容赦下さい。

須田桃子
捏造の科学者
STAP細胞事件
誰が、何を、いつ、なぜ、どのように捏造したのか？　歴史に残る研究不正事件をスクープ記者が追う。大宅賞受賞作に新章を追加した「完全版」。大幅増補で真相に迫る。（緑　慎也）
す-24-1

須田桃子
合成生物学の衝撃
生命の設計図ゲノムを自在に改変し、人工生命体を作り出す――。ノーベル化学賞受賞のゲノム編集技術や新型コロナワクチン開発、軍事転用。最先端科学の光と影に迫る。（伊与原　新）
す-24-2

鈴木忠平
清原和博への告白
甲子園13本塁打の真実
清原和博、甲子園での十三本塁打。あの怪物との勝負は、打たれた投手たちに鮮烈な記憶を残し、後の人生をも左右した。三十年の時を経てライバルたちが語るあの時。（中村順司）
す-25-1

瀬戸内寂聴
源氏物語の女君たち
紫式部がいちばん気合を入れて書いたヒロインはだれ？　物語に登場する魅惑の女君たちを、ストーリーを追いながら徹底解説。寂聴流、世界一わかりやすくて面白い源氏物語の入門書。
せ-1-22

高木俊朗
インパール
太平洋戦争で最も無謀だったインパール作戦の実相とは。徒に死んでいった人間の無念。本書が、敗戦後、部下に責任転嫁、事実を歪曲した軍司令官・牟田口廉也批判の口火を切った。
た-2-11

高木俊朗
抗命
インパール2
コヒマ攻略を命じられた烈第三十一師団長・佐藤幸徳中将は、将兵の生命こそ至上であるとして、軍上層部の無謀な命令に従わず、師団長を解任される。「インパール」第二弾。
た-2-12

高木俊朗
全滅・憤死
インパール3
インパール盆地の湿地帯に投入された戦車支隊の悲劇を描く「全滅」。〝祭〟第十五師団長と参謀長の痛憤を描く「憤死」。戦記文学の名著、新装版刊行にあたり、二作を一冊に。
た-2-13

（　）内は解説者。品切の節はご容赦下さい。

立花　隆
臨死体験（上下）
まばゆい光、暗いトンネル、そして亡き人々との再会――人が死に臨んで見るという光景は、本当に「死後の世界」なのか、それとも幻か。人類最大の謎に挑み、話題を呼んだ渾身の大著。
た-5-9

田宮俊作
伝説のプラモ屋
田宮模型をつくった人々
自他共に許す世界最大のプラモデルメーカーの社長が語る、とっておきのプラモデル開発秘話。CIAからカルロス・ゴーンまで、タミヤを取り巻く人々はキットに負けず劣らず個性的。
た-45-2

竹本住大夫
人間、やっぱり情でんなぁ
「死ぬまで稽古、死んでも稽古せなあきまへんなぁ」。人形浄瑠璃「文楽」の大夫として、日本人の義理人情を語りつづけて68年。平成30年に逝去した〝文楽の鬼〟の最後の言葉は。
た-70-2

田部井淳子
それでもわたしは山に登る
世界初の女性エベレスト登頂から40年。がんで余命宣告を受け治療を続けながらも常に前を向き、しびれる足で大好きな山に登りつづけた――惜しまれつつ急逝した登山家渾身の手記。
た-97-1

友納尚子
皇后雅子さま物語
令和の皇后となられた雅子さま。ご成婚時の輝くような笑顔はなぜ失われたのか。お世継ぎ問題と適応障害の真相は。痛みを知るからこそ強く歩まれる、その半生を徹底取材した決定版。
と-22-2

中野京子
名画の謎
ギリシャ神話篇
古典絵画はエンターテインメント！「名画の謎」シリーズ、文庫化の第一弾は、西洋絵画鑑賞には避けて通れない「ギリシャ神話」がテーマ。絵の中の神々の物語を読み解きます。（森村泰昌）
な-58-3

中野京子
名画の謎
旧約・新約聖書篇
矛盾があるからこそ名画は面白い！「創世記」からイエスの生涯、『最後の審判』などのキリスト教絵画を平易かつ魅力的に解説。驚きと教養に満ちたシリーズ第二弾。（野口悠紀雄）
な-58-4

野口美惠
羽生結弦　王者のメソッド
日本男子フィギュア初の五輪金メダル、世界記録更新――「僕はレジェンドになりたい」という少年が〝絶対王者〟に至るまでの軌跡、更なる高みに挑む姿を、本人の肉声とともに描く。
の-22-1

秦　新二・成田睦子
フェルメール最後の真実
世界に37点しかないフェルメール作品。それを動かすのは「フェルメール・マン」と呼ばれる国際シンジケートの男たち。美術展の裏側をリアルに描くドキュメント。全作品カラーで掲載。
は-15-2

畠山重篤
森は海の恋人
ダム開発と森林破壊で沿岸の海の荒廃が急速に進んだ一九八〇年代、おいしい牡蠣を育てるために一人の漁民が山に木を植え始めた。森と海の真のつながりを知る感動の書。（川勝平太）
は-24-2

原　武史
松本清張の「遺言」
『昭和史発掘』『神々の乱心』を読み解く
厖大な未発表資料と綿密な取材を基に、昭和初期の埋もれた事実に光を当てた代表作『昭和史発掘』と、宮中と新興宗教に斬り込む未完の遺作『神々の乱心』を読み解く。
は-53-1

船橋洋一
カウントダウン・メルトダウン（上下）
未曾有の原発事故が起きたとき、政府や東電、そして米軍はどう動いたのか？　3・11から始まった「世界を震撼させた20日間」の時々刻々を描いた労作。第44回大宅賞受賞作。（保阪正康）
ふ-42-1

船曳由美
一〇〇年前の女の子
明治の終わりに栃木県の小さな村に生れた寺崎テイ。生後一カ月で実母と引き離され、百年を母恋いと故郷への想いで生きた――。鮮やかなテイの記憶が綴る日本の原風景。（中島京子）
ふ-43-1

藤吉雅春
福井モデル
未来は地方から始まる
地方消滅時代を迎えた日本で、福井県はなぜ、幸福度も世帯収入も高いのか。共働き率と出生率が全国平均を上回る理由を、高い教育力に見出した画期的ルポ。（佐々木俊尚）
ふ-44-1

（　）内は解説者。品切の節はご容赦下さい。

星野博美
転がる香港に苔は生えない
中国返還直前の香港。街の安アパートに暮らす著者が、夢を見続けることをやめない香港の人々の素顔を追った、二年間の記録。第三十二回大宅壮一ノンフィクション賞受賞作。

ほ-11-2

星野博美
コンニャク屋漂流記
先祖は江戸時代、紀州から房総半島へ渡った漁師で、屋号はなぜか「コンニャク屋」!?　ルーツを探して右往左往、時空を超えた珍道中が始まる。読売文学賞、いける本大賞受賞作。（野崎　歓）
ほ-11-5

星野博美
みんな彗星を見ていた
私的キリシタン探訪記
海を渡ってきた宣教師と、信仰に命を賭した信徒たち。「キリシタンの時代」とは何だったのか？　世界文化遺産の陰に埋もれた真実をたどる、異文化漂流ノンフィクション。（若松英輔）
ほ-11-6

堀川惠子
原爆供養塔
忘れられた遺骨の70年
原爆供養塔をいつも清掃していた佐伯敏子は、なぜ守り人となったのか。また、供養塔の遺骨は名前や住所が判明していながら、なぜ無縁仏なのか。大宅賞受賞作の名著。（平松洋子）
ほ-24-1

万城目　学・門井慶喜
ぼくらの近代建築デラックス！
近代建築をこよなく愛する人気作家二人が、大阪綿業会館から築地本願寺まで、大阪・京都・神戸・横浜・東京の名建築を訪ね歩きその魅力を語りつくしたルポ対談集。建物好き必携。

ま-24-3

益子浩一
伏見工業伝説
泣き虫先生と不良生徒の絆
「スクール☆ウォーズ」のモデルとなった伝説の伏見工業ラグビー部。0対112という屈辱の大敗から全国制覇へ。泣き虫先生の愛情と不良生徒たちの努力が起こした奇跡と絆の物語。
ま-42-1

みうらじゅん
「ない仕事」の作り方
アイデアのひらめき方、印象に残るネーミングのコツ、ブームの起こし方、接待術……。企画、営業、接待も全部自分でやる「一人電通」式仕事術を大公開。糸井重里氏との対談も収録。

み-23-6

（　）内は解説者。品切の節はご容赦下さい。

皆川　明
ミナを着て旅に出よう
オリジナルの生地から作り上げる唯一無二の服。ミナ ペルホネンの服にはどこか懐かしい心象風景が宿る。ブランド立ち上げからクリエイションの源まで語った本。（辻村深月）
み-47-1

峯村健司
宿命 習近平闘争秘史
腐敗撲滅で政敵を排除、国家主席の任期も撤廃した習近平。中国共産党の深奥を徹底取材し、〃終身皇帝〃の宿命を背負いし男の真実に迫る。エズラ・ボーゲル独占インタビューを特別収録。
み-57-1

村上春樹
約束された場所で
underground 2
癒しを求めた彼らが、なぜ救いのない無差別殺人に行き着いたのか。オウム信者、元信者へのインタビューと河合隼雄氏との対話によって、現代の心の闇を明らかにするノンフィクション。
む-5-4

森　絵都
おいで、一緒に行こう
震災後、福島原発20キロ圏内に取り残されたペットたち。その命を救出すべく無人地帯に潜入したのは女たちだった。人知れず動物レスキューに取り組む人々を描くノンフィクション。
も-20-8

森　功
悪だくみ
「加計学園」の悲願を叶えた総理の欺瞞
「忖度」で済ませてはいけない！　安倍政権を象徴する加計学園問題を、アメリカ留学時代の「腹心の友」にさかのぼり、複雑な利権構造から解き明かす。大宅賞受賞作。（石井妙子）
も-26-2

森　健
「つなみ」の子どもたち
作文に書かれなかった物語
感動の作文集『つなみ』から生まれた7つの家族の喪失と再生の物語。子どもたちは「書くこと」で、平成最大の災害をどう乗り越えたのか。大宅賞受賞作。（細谷亮太）
も-30-1

本橋信宏
新・AV時代
全裸監督後の世界
テレビ業界でテリー伊藤に鍛えられ、1990年代のAV業界に革命を起こしたSODの高橋がなりなど、社会の良識から逸脱し破天荒な試みをする人々を濃密に描いた傑作。（内田英治）
も-32-1